PRINCIPES

CONTRE

L'INCRÉDULITÉ.

PRINCIPES

CONTRE

L'INCRÉDULITÉ,

A L'OCCASION

DU SYSTÊME DE LA NATURE.

Par M. CAMUSET.

Dei vestigia passim
Effugis , at delere nequis ; te te illa
Sequuntur !   Anti-Lucr. Lib. IX.

Prix 40 sols broché.

A PARIS,

Chez { PILLOT, Libraire, rue S. Jacques, à la Providence.
EDME, Libraire, Quai & sous la porte des Augustins.

M. DCC. LXXI.

Avec Approbation & Privilége du Roi.

Relligio vincat.

SI l'Auteur du Systême de la Nature vivoit encore ; je ne pense pas qu'il se tînt offensé de ce que j'écris. Selon ses principes ; il étoit nécessité à composer l'Ouvrage qui les renferme : & je le suis également, à jetter sur le papier ces réflexions. Je souhaiterois qu'il ne fût pas plus difficile, de me justifier aux yeux d'un sage Lecteur ! Je tâche d'établir quelques Vérités, qui détruisent le Fatalisme ; je fais souvent parler le nouveau Philosophe ; & je réponds à ses objections. On peut m'entendre, sans l'avoir lû. Comme je l'ai suivi pied à pied ; & que j'ai presque entierement conservé ses titres ; les

Pensées qui se trouvent réunies sous chacun, n'y répondent pas toujours exactement. Mais une Table des Matières suffira, pour diriger ceux qui aimeroient mieux voir les questions dans leur ordre naturel, & sans égard à la marche de l'Ecrivain que je réfute. J'ai insisté beaucoup sur les preuves de la Religion, qui se tirent de l'Infini & di son Idée; parce que je suis persuadé, qu'on devroit moins les négliger. Au reste mon objet n'est pas uniquement de combattre le Systéme de la Nature.

TABLE
DES SECTIONS.

TABLE

§. VIII.

FIN.

APPROBATION.

J'AI lû par ordre de Monseigneur le Chancelier un Manuscrit, qui a pour titre : *Principes contre l'Incrédulité.* Cet Ouvrage m'a paru profond, solide & lumineux. A Paris, le 17 Octobre 1770.

RIBALLIER,
Docteur de la Société de Sorbonne, & Syndic de la Faculté de Théologie.

PRIVILEGE DU ROI.

LOUIS, PAR LA GRACE DE DIEU, ROI DE FRANCE ET DE NAVARRE, A nos amés & féaux Conseillers, &c. SALUT. Notre amé le sieur CAMUSET, Nous a fait exposer qu'il désireroit faire imprimer & donner au Public des *Principes contre l'Incrédulité*, de sa composition. S'il Nous plaisoit lui accorder nos Lettres de Permission pour ce nécessaires. A CES CAUSES, voulant favorablement traiter l'Exposant, Nous lui avons permis, &c. de faire imprimer ledit Ouvrage autant de fois que bon lui semblera, & de le faire vendre & débiter par tout notre Royaume, pendant le temps de trois années consécutives, à compter du jour de la date des Présentes; FAISONS défenses à tous Imprimeurs, &c. d'en introduire d'impression étrangere dans aucun lieu de notre obéissance. A LA CHARGE que ces Présentes seront enregistrées tout au long sur les registres de la Communauté des Imprimeurs & Libraires de Paris, &c. qu'il en sera ensuite remis deux Exemplaires dans notre Bibliotheque publique, un dans celle de notre Château du Louvre, & un dans celle dudit Sieur DE MAUPEOU; le tout à peine de nullité des Présentes. DU CONTENU desqeulles vous MANDONS & enjoignons de faire jouir ledit Exposant & ses ayans-causes, &c. VOULONS qu'à la copie des Présentes, &c. foi soit ajoûtée comme à l'original. COMMAN-

DONS au premier notre Huissier ou Sergent
sur ce requis, de faire, &c. nonobstant Cla-
meur de Haro, Charte Normande & Lettres
à ce contraires : car tel est notre plaisir.
DONNÉ à Paris, le dix-neviéme jour du mois
de Novembre, l'an mil sept cent soixante-
dix, & de notre Régne le cinquante-sixiéme.
Par le Roi en son Conseil.

Signé, LEBEGUE.

*Registré sur le Registre XVIII. de la Chambre
Royale & Syndicale des Libraires & Imprimeurs de Paris, N°. 1372. fol. 372. conformément au Réglement de 1723. A Paris, ce 27
Novembre 1770.*

J'ai cédé à M. Pillot, Libraire, le présent
Privilége, suivant les conventions faites entre nous. A Paris, ce 22 Novembre 1770.

CAMUSET.

*Registré la présente Cession sur le Registre
XVIII de la Chambre Royale & Syndicale des
Libraires & Imprimeurs de Paris, N°. 327,
conformément aux anciens Réglemens, confir-
més par celui du 28 Février 1723. A Paris, ce
29 Novembre 1770.*

A. M. LOTTIN *aîné, Adjoint.*

PRINCIPES

PRINCIPES

CONTRE

L'INCRÉDULITÉ.

§. I.

De la Nature.

I.

L A Nature est le vaste assemblage de ce qui existe. Si l'on adopte la définition; il n'y a rien au-delà de ce grand tout : ce seroit se contredire évidemment, que de supposer quelque chose hors de la somme universelle.

Mais la Matiere est-elle la Nature ? Sommes-nous certains, qu'elle seule

A

jouiſſe de l'exiſtence ? Qui pourroit le démontrer ? Quand même je ne connoîtrois point d'autres réalités ; ſerois-je en droit de ſoutenir, qu'il n'y en a point d'autres ? Comme un homme, qui n'auroit vu qu'une rue de Paris, d'aſſurer que Paris n'a qu'une rue !

I I.

On appelle la nature d'un être, dans un ſens moins général, ſon eſſence propre, ou le concours de tous ſes attributs. Mais gardons-nous de prodiguer aux choſes, des qualités que nous ne ſommes pas certains qu'elles poſſédent: nous nous expoſerions à prendre une chimère pour un homme !

I I I.

Il y a grande apparence que la Nature, ou la ſomme des choſes exiſtantes, eſt infinie : je veux dire, que parmi les réalités qui la compoſent, il eſt du moins un Etre ſans bornes. En effet, le néant réfideroit-il aux limites de la Nature ? Lui feroit-il contigu ? Non, fans doute ; puifqu'il n'eft rien. Cependant s'il en eft abfent, il faut qu'une réalité y faffe fon féjour : l'abfence du néant eft la préfence de l'être. Il y a donc une Subftance infinie. C'eft ce que nous appellons Dieu : car ce qui jouit de l'infinité ; ne peut être qu'une chofe fimple, & couronnée de toutes les perfections. Si vous la concevez compofée ; il eft néceffaire de lui accorder une moitié : or cette moitié égaleroit le tout ; qui eft la contradiction la plus manifefte ! Cela nous annonce déja que la Matiere n'eft point infinie ; & que les tréfors de la Nature contiennent bien d'autres réalités !

I V.

Outre le grand & premier Etre, il exifte d'autres fubftances. Les Loix de la Nature font les rapports mutuels, qui régnent entre les chofes dont elle eft compofée. Si vous les comparez,

vous les trouverez réciproquement plu
ou moins parfaites; ou elles vous offri
ront une entiere égalité. Voilà ce qu
doit régler notre amour, notre eſtim
à leur égard ; mais quelle peut être l
morale d'un Philoſophe , qui ne connoî
de Loix que celles de la Matière ?

V.

C'eſt faute d'étudier la Nature & ſe
Loix , qu'on a élevé tant de ſyſtêmes
dont les débris flottent ſur tous les ſié
cles. Je ſouhaiterois qu'on ne les re
cueillît point aujourd'hui , pour en bâ
tir de nouveaux , qui éprouveront l
même ſort !

§. I I.

Du mouvement & de son origine.

I.

LE mouvement est le passage d'un corps, du lieu qu'il occupoit, à un autre lieu ; ou son changement de distance relativement aux corps étrangers. Les corps, qui conservent toujours la même place, ne se meuvent point ; quelque tendance qu'on leur suppose d'ailleurs à se mouvoir.

Je ne vois pas que le mouvement soit essentiel à la Matière. De ce qu'un corps existe ici maintenant, quelle nécessité qu'il existe là dans un moment ? Est-il même nécessaire, que ce corps continue d'éxister deux instans de suite ? Est - ce manifestement se contredire, que de le nier ? Or il n'est point de mouvement sans éxistence. Si donc l'éxistence n'est pas essentielle à la

Matiere ; par où le mouvement tiendra-
t-il à sa nature ?

I I.

Quand le mouvement seroit insépa-
rable de la Matiere, les Incrédules n'en
seroient pas plus avancés ; il n'est point
éternel ; il faudra donc toujours lui
chercher une cause.

* Non, le mouvement n'est point éternel : si cela étoit, toute la durée possible seroit épuisée, & il n'existeroit plus
de corps ; c'est trop peu dire, il n'y
auroit plus aucun être. En effet la Matiere auroit subi une infinité de changemens successifs ; une infinité de changemens successifs demandent une infinité d'instans, qui égalent évidemment l'éternité complette. N'est-il pas
certain que le passé, le présent & l'a-
venir ensemble ne renferment pas plus

---

* J'ai déja prouvé cette vérité dans les Pensées Anti-
Philosophiques imprimées chez Pillot 1770.

de siécles, que n'en contient une infinité d'inftans? Encore une fois, la du
rée feroit donc entièrement tarie, & i
n'exifteroit plus rien. Mais qui oferoit
admettre cette conféquence? Avouons
donc que le mouvement n'eft point éternel. Or fa caufe apparemment, n'eft
pas la matière en repos?

III.

On s'écrie que l'éternité de notre
Dieu enveloppe les mêmes abfurdités!
On fe trompe : rien de plus fimple que
l'Etre qui jouit de l'infinité. L'effence
de l'infini réfifte à toute compofition.
Donc l'Eternité de Dieu n'eft point fucceffive ; il la poffède toute entière à la
fois : c'eft un immenfe préfent , dans
lequel nous comptons notre paffé, notre préfent & notre avenir. Voulez-vous
un exemple ? J'exifte dans le lieu : s'il
étoit vrai que l'efpace n'eût point de
bornes ; j'aurois beau marcher ; jamais
je ne pourrois fortir du centre.

A iv

I V.

Tout eſt en mouvement dans l'U-
nivers, je le veux : donc tout s'y meut
néceſſairement? Eſt - ce qu'en Philoſophie , le fait démontre toujours le
droit ?

V.

Comment un Philoſophe, qui admet l'attraction , peut-il avancer que
tout mouvement ſuppoſe un point de
contact, entre le corps mû, & la cauſe
motrice qui trouble ſon repos ?

V I.

Eſt-il croyable que les loix du mouvement, telles que nous les connoiſſons , ſuffiſent pour produire des corps
organiſés ? Eſt-il raiſonnable de penſer,
que des molécules aveugles de matière,
en ſe pouſſant, en s'attirant , en ſe
repouſſant , puiſſent jamais former un
animal? J'ai vu, diſoit quelqu'un, des

infectes naître d'un morceau de chair
échauffée : & moi, répondit un Auteur
célébre, je vis l'autre jour un bœuf
naître d'un tas de boue !

§. I I I.

De la Matière.

I.

SI le mouvement n'eſt point éternel,
la matière elle-même a commencé d'ê-
tre. Auroit-elle paſſé un tems infini,
dans le plus doux repos ? Mais elle ne
ſeroit point encore ſortie de ce long
ſommeil ? Cependant, ſi elle exiſte,
il faut qu'elle ſoit en repos, ou en
mouvement ; c'eſt donc qu'elle n'a
pas toujours éxiſté. On a beau dire
qu'elle renferme la raiſon de ſon éxiſtence, les gens ſages ne ſe payent point
d'une ſimple aſſertion, démentie par l'é-
vidence !

A v

II.

La Matière est indestructible : donc elle est incréée. Qui vous passe qu'elle est indestructible ? On vous démontre qu'elle a reçu l'existence. La cause qui la lui a donnée, ne pourroit-elle l'en priver ? Lequel est le plus difficile de créer, ou d'anéantir ? Encore une fois, je ne vois pas même qu'un corps ait droit à deux instans consécutifs : il n'y a point de contradiction à le supposer détruit après le premier. Sur quoi donc établissez-vous l'immortalité absolue de la matière ?

Je conviens toutefois qu'il y a un Etre indestructible & nécessaire ; mais c'est l'Etre parfait, c'est le Dieu que nous adorons. Son existence triomphe de toutes les hypothèses ; l'instant où il n'y auroit point de Dieu, seroit un instant d'absurdité. En effet le néant ne peut avoir de siége ; il ne peut résider nulle part, puisqu'il n'est rien. D'ailleurs par-tout où le néant n'eſt point, l'Etre y fait ſon ſéjour ; l'abſence du rien eſt une réalité. Donc il éxiſte néceſſairement quelque choſe, & une choſe éternelle, inſinie; car cette néceſſité eſt égale pour tous les tems, pour tous les lieux ; & une choſe indiviſible, ſimple, couronnée de toutes les perfections ; car l'infini n'eſt poiut compoſé, cela répugne évidemment à ſa nature. Voilà le ſeul Etre abſolument néceſſaire que je connoiſſe ; voilà notre Dieu, bien différent de ſes créatures, & ſur-tout de la Matière la plus vile des ſubſtances créées !

III.

La Matière eſt un Etre borné : l'Inſini la rejette éternellement de ſon eſſence indiviſible ; elle eſt compoſée de parties ; ſi elle n'avoit point de bornes, ſa moitié égaleroit le tout. La voilà donc dépouillée de l'éternité, de l'immenſité, de l'énergie ; je ne vois plus qu'une maſſe d'argile ſous la main d'un Sage

A vj

& Puiſſant Ouvrier. Eh quoi! c'eſt-là le Dieu des nouveaux Philoſophes ? O homme! ſouviens-toi de ta dignité : laiſſe cette boue, où l'Auteur de ton être l'avoit placée ; laiſſe-la ſous tes pieds!

I V.

A qui appartiennent ces riches couleurs ; cette pourpre dont le ciel aime à ſe revêtir ; cette verdure étendue ſur les prairies ; cette lumière qui remplit les eſpaces ; l'or qui brille ſur la tête de ces fleurs ? Rien de tout cela n'eſt propre à la Matiere. Vous voyez ce monde ſenſible en repos : Au même inſtant je le vois ſe mouvoir ; il ſuffit pour cela que je preſſe l'organe de la viſion. Nous n'appercevons donc point les mêmes couleurs ? Deſcartes nous avoit appris que ces choſes n'ont leur ſiége que dans l'ame ; mais voici qu'on nous révèle que la penſée tire ſa ſource de la matière, & que la raiſon & la ſageſſe ſe forment de putréfaction,

V.

» Quelle plus grande abſurdité, dit
» Monteſquieu ; qu'une fatalité aveugle ,
» qui auroit produit des Etres intel-
» ligens ? » Il trouvoit cela ſi clair , qu'il
ne l'a pas prouvé. Mais , répondroient
les Incrédules , vous n'avez point exa-
miné la queſtion. Vous euſſiez reconnu ;
car vous avez de la ſagacité ; vous euſſiez reconnu , diſons-nous , que le mouvement , en déplaçant les molécules de
la matière , en les ajuſtant , les combi-
nant , parvient enfin à les décorer de
nouveaux attributs, de la ſenſibilité, de la
connoiſſance, de la volonté ? » Connoître
» un objet, c'eſt l'avoir ſenti ; le ſentir,
» c'eſt en avoir été remué ; vouloir , c'eſt
» être diſpoſé au mouvement ». J'aimerois autant qu'on me ſoutînt , qu'il ſuffit
de tourner un imbécille de gauche à
droite, pour en faire un homme d'eſprit !

V I.

Clarke, diſciple du grand Newton,

admettoit un efpace immenfe: mais il ne tomboit point dans les contradic-tions, où fe roulent ceux qui fuppofent une Matière infinie. Ce qui eft infini, eft effentiellement fimple ; & l'efpace, felon Clarke, eft revêtu de cette perfec-tion. Or la Matière eft compofée ; puifqu'elle fe meut. L'abfurdité eft donc le partage des derniers. Ils font les feuls qui adoptent une infinité de lignes phyfi-ques fans extrêmités ; & qui foutiennent que le tout n'eft pas plus grand que fa partie.

§ IV.

Des loix du mouvement; & de la nécessité.

I.

LES loix du mouvement, ne nous offrent point le caractère de la nécessité. Un corps est toujours mû, lorsqu'il est choqué : un corps qui se meut s'efforce toujours de suivre la ligne droite : donc les loix du mouvement sont constantes. Voilà uniquement ce qu'on en doit conclure. Voyez cette boule, qui vient frapper celle qui l'attend. Ne pourroit-elle pas absolument ; au lieu de lui communiquer une partie de sa force ; retourner sur ses pas, & la remporter toute entière ? Une telle avarice vous paroit-elle absurde & contradictoire ?

I I.

Je ne vois point de nécessité, j'en

tends de néceſſité rigoureuſe , dans la
chûte des corps. A ne conſulter que l'i-
magination ; je ne puis concevoir, comment les Antipodes marchent ſur la ſurface de la terre oppoſée à l'hémiſphère
que nous habitons : je ne comprends
pas davantage , comment le monde ne
tombe point continuellement au milieu
d'un immenſe abyme? laiſſons donc l'i-
magination avec toutes ſes chimères;
& n'interrogeons que la Raiſon.

I I I.

On dit qu'une choſe eſt néceſſaire ;
lorſque le contraire eſt impoſſible, &
renferme une abſurdité palpable ; lorſqu'on ne peut le ſoutenir ſans ſe démentir évidemment. C'eſt ainſi que
nous avons déjà prouvé que Dieu éxiſte
néceſſairement ; que le mouvement a
néceſſairement commencé ; que la matière eſt néceſſairement bornée, qu'elle eſt ſortie du néant ; que les Athées
ſont dans l'erreur : mais cette derniere

nécessité ne vient que de la suppofition ;
elle n'eft point abfolue , parce qu'ils
peuvent ceffer d'être Athées.

I V.

En vain vous affurez, vous certifiez ;
vous proteftez : je ne conçois point que
des loix auffi fimples que celles du mouvement, fuffifent ; je ne dis pas pour
former une multitude d'efpèces organi-
fées , diftinguées en deux fexes , qui fe
confervent & fe réparent par les mêmes
voies ; mais pour conftruire un feul animal. Les germes éxiftoient donc dans
la matière avant de fe montrer à mes
yeux ? Les loix du mouvement les nour-
riffent, les développent, les corrompent
enfin ; mais elles ne deffinent point la machine. Or ces germes cependànr doivent
leur naiffance au mouvement. Donc la
premiere impulfion n'a point été fou-
mife aux loix que nous connoiffons ;
mais immédiatement régie par la Sageffe fuprême , qui a ordonné ce vafte
Univers.

§. V.

De l'Ordre & du Désordre, de l'Intel-
ligence & du Hasard.

I.

LES loix de la Nature sont les rapports mutuels des êtres qui la composent. Comparés les uns aux autres, ces Etres sont plus, ou moins, ou également parfaits ; ils contiennent plus ou moins, ou également de réalité. Ils ont donc chacun leur place dans la Nature ; ils y occupent chacun relativement aux autres, celle qui leur est assignée par leur essence, que leur obtient l'excellence de leurs qualités. Voilà ce qu'on appelle l'Ordre nécessaire, imperturbable. Nulle Puissance ne sçauroit le troubler ; faire que ce qui est plus estimable le soit moins ; que ce qui l'est moins le soit plus ; que ce qui l'est également le foit plus ou moins ; tant que les effences données fubfiftent les mêmes.

Nous difons que les chofes font dans l'ordre, lorfque nous les voyons arrangées felon ces loix invariables : le défordre eft un arrangement des chofes contraire à ces mêmes loix. En un mot les Etres créés doivent imiter, autant qu'il eft poffible, par leur difpofition, la difpofition éternelle & néceffaire des effences, qui conftitue l'ordre primitif.

Un Agent libre , qui choifit avec précifion les moyens, qui conduifent le plus directement à la fin qu'il s'eft propofée ; eft dans l'ordre par rapport à cette fin : mais fi la fin étoit mauvaife ; les moyens ne feroient pour lui que la route du crime : ainfi, il ne feroit point dans l'ordre à cet égard.

II.

Cependant quelle que foit la fin ; fi nous voyons les chofes y tendre par une marche conſtante & uniforme ; qui d'ailleurs n'eſt point forcée par la néceſſité ; nous avons droit de juger qu'il y a une intelligence qui les dirige. Lorſque la fin eſt bonne ; elle prouve un eſprit ſage : lorſqu'elle eſt condamnable ; elle annonce un eſprit déréglé. C'eſt ainſi que l'Univers dont les diverſes parties ſont ordonnées à une fin évidemment louable, rend à la ſageſſe de ſon Auteur le plus éclatant témoignage. Mais les imperfections phyſiques , ou les déſordres moraux que nous y remarquons, s'y gliſſent à la faveur de ſon immutabilité. Les unes ne ſuppoſent point de malice dans le Souverain Etre : les autres n'en ſuppoſent que dans la cauſe bornée , qui les produit librement.

I I I.

Je n'ai droit de regarder comme néceſſaire, que ce que je ſçais ne pouvoir être autrement , ſans qu'il en réſulte une manifeste contradiction. Or d'après ce principe ; il ne m'est pas permis de croire que les miracles, ne font que des suites inévitables de l'Ordre Physique. Quelle est la Loi connue, qui a du produire ces effets ? Ils rentrent donc pour moi dans la classe des phénomènes, qui annoncent une cause intelligente, par la fin à laquelle ils se rapportent. Une multitude de prodiges opérés en différens tems, en différens lieux, concourent visiblement à établir la Divinité de la Religion Chrétienne. Cette Religion ne m'offre aucune absurdité. Elle reclame d'ailleurs un Etre infini. Elle s'annonce de sa part. La Grandeur de cet Etre, la crainte de lui manquer de respect, doit ajouter un poids immense aux preuves que je tire de la fin plausible des miracles. Ccelui qui n'apperçoit rien ni pour ni contre, doit demeurer dans une parfaite indifférence. Donc celui qui voit d'un côté des motifs graves, qui de l'autre ne font point contrebalancés ; doit fe rendre abfolument. Il n'appartient pas au néant d'opérer mes jugemens : il ne lui appartient pas non plus de les fufpendre. Ce feroit autant d'effets fans caufe.

I V.

Si l'on marchoit à la lumière de ces principes ; comment pourroit-on croire que l'intelligence eft née de la matière ? Connoiffez-vous une propriété, une modification corporelle ; qui une fois pofée, rende le fujet qui en eft affecté, fenfible & raifonnable ? de façon qu'il y ait une évidente abfurdité à foutenir, qu'il n'eft point revêtu de ces nouvelles perfections ? Vous n'en connoiffez point ? donc vous ne devez point regarder l'intelligence comme le fruit des combinaifons de la Matière. Doutez du moins, jufqu'a ce que l'évidence vienne vous fixer. De même que le hafard ,

(2 3)

qui n'eſt qu'un pur néant, ſe trouve éxilé
de la Nature ; il faut le bannir pour
jamais de nos raiſonnemens.

§. VI.

De l'Homme, & de ſa diſtinction en
Homme Phyſique & Moral.

§. I.

A Ne conſulter que mes yeux, je
ne vois guères de différence, entre
l'homme & le papillon : ou ſi j'en re-
marque, ce n'eſt pas toujours à notre
avantage. Un œuf eſt expoſé aux rayons
du Printems. La douce chaleur qu'ils
inſpirent, fait éclore le ver, qui s'y tenoit enfermé. D'abord il rampe triſte-
ment, il ſe file enſuite un tombeau pré-
cieux, il s'y enſevelit, il en ſort bien-
tôt après, paré des plus riches couleurs.
L'homme dans ſa naiſſance, dans ſes

différens états, offre t-il à mes regards
plus de merveilles? Non : mais ce qui
frappe mes sens, n'est pas l'homme
tout entier.

II.

Lorsqu'on a voulu simplifier l'homme, on l'a rendu inintelligible. Quelques Philosophes n'admirent en lui qu'u-
ne machine, dont le jeu produit nos
sentimens & nos pensées. A leur avis,
il n'est » qu'un instrument passif entre
» les mains de la nécessité ». Quelle différence entre cet homme *Philosophi-
que*, & un pur Automate !

Cependant il ne faut assurer que les
choses dont on est certain. Or comment
prouver que l'Auteur qui a fait & écrit
le *Système de la Nature*, par exemple,
n'étoit qu'un Automate ? Mais, il le dit
lui même ? N'importe : il est trop mo-
deste !

I I I.

III.

Je m'offre à vous démontrer l'éxiftence de cet Homme moral, que vous
avez banni de votre Nature ; mais qui
demeure malgré vous dans la Nature
véritable.

Un Etre qui manque de quelque
propriété commune à toutes les chofes
matérielles, fans exception , ne doit
point paffer pour un corps. Or je vois
que les réalités matérielles, ont toujours
certains rapports de diftance , avec les
objets qui les environnent. Cependant,
quoique je connoiffe mon defir, ma
crainte, ma trifteffe, ma joie, affez
pour les diftinguer du Néant; je ne re-
marque point de diftance entre ces chofes, & les corps qui m'entourent : je ne
conçois pas qu'une ligne puiffe aboutir
à ma penfée; & je conçois bien qu'une
ligne peut aboutir à tous les points de la
Matière, & à tout ce qui lui eft inhé-
rent. Donc la Penfée ne s'offre point à

B

mon esprit sous des traits corporels : Donc mon Ame est distinguée de la Machine qu'elle gouverne.

Tout ce qui est matériel, est tellement situé dans la Nature, qu'il peut changer de lieu ; qu'il est facile de le concevoir transporté du voisinage d'un corps, dans le voisinage d'un autre corps. Or comment imaginer une pensée, portée d'une ville à une autre ville ? Quel seroit le véhicule ?

I V.

M'accordez-vous , que je puis me promener, ou m'asseoir quand je le juge à propos ? M'accordez-vous que je puis agir, ou ne pas agir, si cela me plaît ? M'accordez-vous que je fais ordinairement ce que je veux ? Il ne m'en faut pas davantage : je suis libre, & il y a des mouvemens spontanés. Quelle Nécessité seroit-ce, que celle qui me laisseroit un tel pouvoir ?

(27)

V.

Je suis libre ; je le sens bien. Je choisis entre deux partis, celui qui me convient ; je le choisis sans contrainte ; je puis demeurer indécis. Lorsque je me suis déterminé pour le meilleur ; je m'applaudis malgré moi : si j'ai préféré le pire, je suis forcé de me condamner : quand je n'ai fait que céder à la nécessité, je me console, ou plutôt je ne me reproche rien. Pourquoi rejetter une preuve si simple, si familière, si généralement reçue ; puisque l'on n'a que des Systêmes inintelligibles à opposer à sa lumière ? Lucrèce, qui voyoit que nous sommes Maîtres de nos actions ; imagina un mouvement oblique & spontané dans ses Atômes, afin de pouvoir, sans le secours d'un Etre spirituel, expliquer ce phénomène. Les Matérialistes modernes, qui sentent l'insuffisance de cette explication ; nient tout simplement le phénomène. C'est plutôt fait, j'en conviens.

VI.

C'est le cerveau, dit-on, qui est chez les animaux l'organe intelligent. L'homme a le cerveau plus gros que le bœuf, relativement à sa taille; il en est de même du singe : voilà pourquoi ils pensent mieux l'un & l'autre. Je vous avoue que je ne vois point la connéxion : &, si je parle comme je suis affecté ; j'ajouterai que, quelque gros que soit le cerveau du singe ; il me semble qu'il pourroit bien n'avoir pas plus d'esprit que le bœuf.

VII.

La Justice souveraine du Dieu dont nous démontrons l'existence, ne nous permet pas de nous croire de purs Automates. Nous discernons le bien du mal : à quoi nous serviroit cette connoissance, si nous n'étions pas libres de choisir l'un , & de rejetter l'autre ?

Nous souffrons : la vie que nous traînons sur la terre, est à chaque pas traversée de douleurs. Un Etre Juste & Puissant ; qui doit conséquemment rendre à chacun ce qui lui appartient ; seroit-il immobile à ce Spectacle, si nous étions innocens ou incapables de mérite ? Il ne dépendroit pas de moi, de ne point détester mon état , lorsqu'il est affligeant. Cependant je ne dois pas le détester ; puisque les maux physiques sont dans l'Ordre de la Providence. Je pécherois donc , quoique nécessairement : & Dieu lui-même seroit l'Auteur de mon crime. Il est donc certain que je suis libre ; il est certain qu'il y a en moi autre chose que de la Matière.

VIII.

Qu'on cherche , si l'on veut , l'origine de l'homme physique dans les propriétés & le mouvement de la Matière ; pourvu qu'on admette une cause intel-

ligente, qui préside à l'ouvrage. La Matière a commencé d'exister ; ses modifications ne se font point succédées
éternellement ; il y a des combinaisons
dont on ne trouve point la source dans
les Loix connues de l'Univers , celles
d'où résultent les espéces organisées.
Qu'on dise , si l'on veut, que l'homme
Physique est une production coordonnée
à ces Loix , & au Globe que nous habitons ; rien de plus vrai. Le Grand Etre
qui a créé le Monde , & qui le gouverne , a dû mettre une liaison étroite entre
toutes les parties qui le composent. Mais
sur-tout l'homme Moral , est la production d'un Agent immatériel.

§. VII.

De l'Ame, & de la Spiritualité.

I.

LA substance qui aime & qui connoit, n'est pas entièrement invisible à elle-même. Nous sçavons ce que c'est que sentir & penser ; nous le sçavons assez, pour assurer que ce n'est pas rien. Ainsi lorsque nous parlons de notre ame ; nous désignons par ce mot quelque chose de certain. Mais dans cette chose nous ne remarquons pas les propriétés inséparables de tous les Etres corporels. Nous concluons de-là que notre ame n'est rien de pareil à la Matière, & que cependant elle est une vraie réalité. Voilà ce qu'entendent les Métaphysiciens, lorsqu'ils disent que l'Esprit est une substance indivisible, inétendue. Ils ne laissent pas de considérer à part tantôt l'entendement , tantôt la volonté. Mais ce font de pures abſtractions , qui ne por-tent aucune compoſition dans le Sujet.

II.

Ce qui cauſe le mouvement , doit ſe mouvoir ; objecte l'Incrédule. Or l'Ame eſt la cauſe des mouvemens de notre corps ?

Vous êtes dans l'erreur. La premiere cauſe du mouvement, eſt néceſſairement immobile. Souvenez-vous que le mouvement, n'eſt point éternel. Une infini-té de changemens ſucceſſifs auroient oc-cupé l'Eternité complette. Or l'avenir n'eſt point paſſé , je penſe ?

De plus il eſt au moins douteux, que nos Ames donnent par elles-mêmes, & ſans intermède, l'impulſion à la Ma-chine qu'elles gouvernent. Si mon bras ſe léve ou ſe baiſſe ; c'eſt par l'action d'un nombre preſque infini de reſſorts , dont les plus habiles Anatomiſtes, n'ont qu'une idée très-imparfaite, & dont j'ai long - tems ignoré jufqu'à l'éxiftence. Comment puis-je vouloir remuer des refforts que je ne connois pas ? Il eft donc fouverainement vraifemblable que c'eft l'Auteur même de cette machine merveilleufe qui la fait jouer à mon gré. Si l'Auteur du Syftême de la Nature eût attendu pour écrire, qu'il fçût parfaitement ce qu'il falloit faire pour remuer les doigts ; nous n'euffions pas vû fon livre, même après fa mort.

I I I.

Ne dites pas, que lorfque le corps marche, l'ame fuit refpectueufement fes pas : ou bien dites auffi, que l'efprit ne peut fe tranfporter, à fa manière, d'un lieu à un autre lieu, fans que le corps l'accompagne. Mais, pendant le fommeil, combien de pays ne parcourons-nous pas en imagination, tandis que nos membres demeurent immobiles fur la plume ? Eft-il néceffaire que l'ame s'agite davantage, lorfque le corps fait effort pour franchir l'espace de quelques milles ?

I V.

L'ame subit des changemens à me-sure que le corps se développe ou dé-croît; des sentimens douloureux l'aver-tissent de nos maladies ; le bon état des organes réveille le plaisir ; mais nulle analogie entre les modifications des deux substances. Le développement de nos idées ou de nos passions, ne se fait point dans l'espace comme celui de nos membres; elle ne décroissent point en perdant du volume ; le plaisir & la douleur n'établissent point entre nous & la Matière qui nous entoure, de nou-veaux rapports de distance. L'Etre qui fait un tout personnel de ces deux cho-ses si opposées, est l'auteur unique de leurs changemens ; sa puissante main touche également les esprits & les corps.

Quand mon ami est triste, je le suis : je me réjouis avec lui ; les sentimens

agréables ou pénibles qu'il éprouve,
m'affectent par contre-coup : cependant
nous sommes deux.

V.

La plaisante preuve que celle qu'on
tire des noms *Rouach*, *Pneuma*, *Spi-*
ritus, pour démontrer que l'ame n'est
qu'un souffle ! Quand les Hébreux, les
Grecs, les Latins se seroient trompés sur
son essence, que s'ensuivroit-il de-là ?
Mais on peut les justifier. Il est de fait,
que tant qu'un homme respire, il est
vivant. Or qui empêche, que ces peuples n'ayent désigné la vie elle-même ;
que l'on ne conçoit guères dans l'homme sans la pensée ; par la respiration
qui nous l'annonce ?

V. I.

O homme ! souviens-toi de ta dignité ! éléve-toi au-dessus de cette boue
où rampe ton foible corps ! Cette machine que tu prenois pour toi-même,

ne reçoit les influences , que d'une enceinte bornée de Matière : tu étends tes
regards fur l'immenfité de la Nature !
Quand le monde feroit infini ; cette vafte
fubftance n'agiroit pas fur tes organes ,
felon chacun des points de fa réalité. Les
mouvemens exigeroient une éternité ,
pour fe propager jufqu'au centre, où
tu ferois. Mais ta penfée faifit l'Etre
fans bornes ; elle le contemple ; elle
en raifonne : fon effence eft donc d'un
ordre fupérieur : on te féduit , lorfqu'on
veut te perfuader, que l'homme n'eft
qu'un automate plus parfait. Tu es forcé
de t'eftimer plus que le papillon , qui
jouit d'organes , dont tu n'es point décoré !

V I I.

Si l'ame étoit immatérielle , comment le feu pourroit-il brûler, dans l'autre monde, les ames dés méchans? Auffi
facilement que dans celui-ci.

§. VIII.

Des Facultés intellectuelles.

I.

LA connoissance est une espéce de sentiment sublime ; c'est une perception de la présence des idées. Toutes les modifications de l'ame supposent quelque connoissance. C'est ainsi qu'on peut dire, qu'elles sont dérivées de la faculté de sentir.

II.

Il est une seconde espèce de sentimens, que nous n'éprouvons qu'en conséquence de l'action des corps étrangers sur notre corps : comme la douleur d'une blessure, le plaisir d'un concert.

Mais soit que notre cerveau subisse les impulsions, auxquelles les sentimens qui nous affectent sont attachés ; soit qu'ils naissent en nous sans aucune cause occaſionnelle , c'eſt toujours l'ame qui eſt le ſiége de ces penſées diverſes. Elles ne réſident pas plus dans la Matière, qu'une ligne dans la triſteſſe ou la joie.

III.

Du cerveau naiſſent les nerfs , qui ſe répandent de-là par-tout le corps de l'animal , & dont les filets innombrables vont ſe terminer à la ſurface des organes. Ce ſont autant de tubes déliés ; où coule perpétuellement la plus ſubtile des liqueurs. Que la ſenſation s'opère en conſéquence des ſecouſſes , que reçoit le cerveau , par la tenſion & le relâchement des nerfs , ou par le reflux des eſprits dans leurs rameaux imperceptibles ; je vois bien - là des changemens de diſtances ; mais je n'apperçois ni raiſon , ni prudence , ni mémoire , ni volonté.

IV.

Les Défenſeurs du Matérialiſme,

avouent que l'hypothèse des *Ames-corps*
n'est pas satisfaisante. Pourquoi donc la
soutiennent-ils ? Ils nous répondent,
que c'est parce que la pésanteur ne s'explique pas plus facilement dans la Matiére, que la faculté de sentir. C'est
peut-être, que l'une n'y est pas plus
réelle que l'autre ? Au reste, qui vous
force d'expliquer ce que vous dites
vous-mêmes que vous n'entendez pas ?

La pesanteur ne nous embarrasse
point : nous ne la croyons point de
l'essence des corps. Nous ne voyons pas
qu'un corps qui éxiste actuellement,
doive éxister nécessairement dans un
instant : & comme il faut un instant
pour passer d'un lieu à un autre lieu ;
nous n'osons assurer qu'il aille plutôt
de haut en bas, que de bas en haut,
par une suite inévitable de sa constitution.

V.

La succession de nos pensées ne démontre point que l'ame foit divifible comme les corps; autre chofe eft la durée; autre chofe eft l'étendue. L'efprit éxifte dans le tems ; donc il éxifte dans l'efpace? Où eft la connexion ? Nous difons que l'ame eft immatérielle ; mais non pas qu'elle eft immuable : il n'y a que l'Etre parfait qui jouiffe de cet attribut. Il eft éternel ; & conféquemment fa durée n'eft point fucceffive : car ce qui eft infini eft fimple néceffairèment ; d'où naît l'immutabilité. L'efprit éprouve des changemens auffi bien que la Matière : donc il eft étendu comme la Matière. Ce raifonnement n'eft certainement pas démonftratif !

V I.

La mémoire nous fournit une preuve de l'immatérialité de l'ame, qui n'eft point à méprifer. Je me fouviens des idées qui m'ont frappé, des fentimens qui m'ont pénétré, de mes plaifirs, de mes douleurs. Mon efprit réunit donc

les modifications paſſées & les préſentes
dans un point indiviſible de durée. Lorſqu'un corps eſt mû vers l'orient ; il ne
reſte plus en lui aucun veſtige du mouvement vers l'occident. Mon ame, au
contraire, ſe repréſente en même tems
tous les états contradictoires, où elle
s'eſt trouvée ſucceſſivement. Elle ſe repréſente à la fois le plaiſir, la douleur,
la joie, la triſteſſe, l'ignorance & la
vraie Philoſophie.

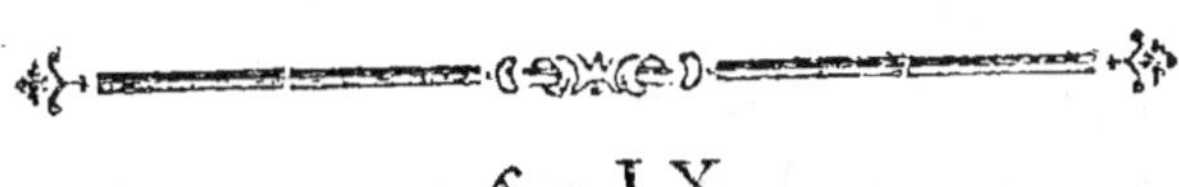

§. IX.

De la Morale & de la Politique.

I.

LA morale & la politique, pourroient-elles retirer du matérialisme quelques avantages ? Oui, si l'opinion qu'il n'y a point de Dieu ; que l'homme juste & le méchant n'ont rien de plus l'un que l'autre à espérer ou à craindre après la mort ; que tout ce qui arrive est commandé par la nécessité ; si cette opinion, dis-je, étoit propre à former de bons citoyens & des gens vertueux.

La Religion nous montre un Etre sage, juste, puissant, infini, qui préside à l'Univers ; qui veut que nous aimions nos semblables autant que nous-mêmes ; qui menace de tout le poids de sa colère dans un autre Monde éternel, celui qui troublera le repos de la société dans ce monde périssable ; celui qui ré-

fistera aux Puissances chargées d'y établir & d'y maintenir l'ordre ; celui qui
violera les droits d'un seul membre de
la grande famille, qu'il compose avec
les autres hommes. Il n'est donc pas
clair que nos dogmes soient moins utiles
que ceux de la nouvelle Philosophie !

I I.

Voulez-vous voir jusqu'à quel point
un Chrétien, qui mérite ce nom,
porte l'obéissance & le dévouement
à la société & à ses souverains ? La
Religion & l'Eglise Universelle, son
infaillible interpréte, nous ordonnent
de leur obéir en tout ce que la raison
ne condamne pas évidemment : elles
nous défendent de jamais nous révolter,
sous quelque prétexte que ce puisse être.
Or toutes les preuves qui établissent la
vérité du Christianisme, s'empressent
de venir à l'appui de cette Loi (*). Pour

____

(*) *Chacun des dogmes révélés, jouit indivisible-*

nous en difpenfer, il faudroit des miracles plus folemnels, plus multipliés
que ceux qui fe font opérés en faveur de
la Religion pendant l'efpace de fix mille
ans dans les différentes parties de l'U-
nivers, & qui démontrent la Divinité
de Jefus-Chrift. Encore, après tant de
prodiges, il nous refteroit les barrie-
res invincibles de la Loi Naturelle.
Voyez qu'un vrai Chrétien eft éloigné
du Fanatifme ? Que produit de pareil
votre aveugle deftin ?

I I I.

Quel eft le Sujet qui n'ait pas à fon
Prince les obligations les plus effentiel-
les ? Et quel devoir plus facré, que celui
de la reconnoiffance ? Si nous jouiffons
de la vie ; fi nous coulons nos jours

ment avec les autres, de toutes les démonftrations qui
nous affurent que l'Evangile n'eft point l'ouvrage de
l'homme.

dans la sécurité ; si nous pouvons dire : *cela est à moi* ; n'est-ce pas aux Loix que nous le devons ? Or, qui fait observer les Loix, sinon les Ministres de la Justice, & sur-tout le Souverain ? Il est donc évident qu'il n'est pas un seul homme, qui n'ait reçu du chef de l'Etat les plus grands bienfaits. Donc la Raison & la Religion s'unissent pour nous recommander le respect & l'amour envers celui que la Providence a placé sur nos têtes. Ce n'est pas seulement les Princes en général ; c'est celui qui est revêtu de l'autorité suprême, qui a droit immuablement sur nos cœurs. Je dis plus : quand un Pere outrageroit son fils ; cet enfant n'est pas autorisé à le haïr. Est-ce ainsi que raisonne l'Athéisme ?

I V.

Le bonheur est la perfection de notre être, jointe aux honnêtes plaisirs qu'elle admet. Il est complet, lorsqu'il est constant & durable à jamais.

V.

Il y a des habitudes de deux sortes. Une branche que j'ai pliée une fois, conserve de l'aptitude à l'être de nouveau dans le même sens ; voilà ce qu'on appelle habitude corporelle. Un esprit qui s'est occupé de quelque pensée, peut déformais avec plus de facilité s'y appliquer encore : voilà une habitude spirituelle. On ne doit pas dire que le mortel généreux qui s'est accoutumé à résister aux passions, & qui en est devenu le roi, ne doive son sceptre qu'aux passions mêmes. La machine joue son jeu ; mais ce qui l'arrête lorsqu'elle est en train, n'est pas la machine même.

V I.

L'éducation est l'art de former des Hommes, des Citoyens, des Chrétiens. Il faut cultiver sans cesse l'esprit & le cœur d'un élève ; aider ainsi la raison à se développer ; & lui faire contracter d'heureuſes habitudes. Mais oublier qu'un enfant eſt un être raiſonnable, & croire qu'il ſuffit de l'accoutumer au frein ; c'eſt, ſi je ne me trompe, le mettre à l'écurie.

V I I.

La Politique, eſt l'art de gouverner les paſſions des hommes ; & de les faire ſervir au bien général de l'Etat, & de la Société. Ses Loix, comme toutes les au-tres, ſont compriſes dans le Code de la Nature ; je ne veux pas dire de la Ma-tière.

V I I I.

La Société ne peut ſubſiſter ſans Sou-verains : elle a choiſi ſes chefs ; mais une fois revêtus de la ſuprême Autorité, elle n'a plus droit de les en dépouiller. Dieu, qui aime eſſentiellement l'Ordre, ne le permet pas. D'ailleurs, il eſt le ſeul qui peut inſtituer les Rois ; & qui les inſti-tue par le choix des Nations.

La Foi jurée à nos Princes, est une barriere que nulle Puissance ne sçauroit rompre jamais. Athée, vous ne regardez que votre Siécle ; & souvent même que votre Individu. Jettez les yeux sur l'immensité de l'avenir ; comptez, si vous le pouvez, les générations futures ; percez les ténébres épaisses qui couvrent la Postérité : voyez ce que la plus foible révolution est capable d'opérer sur la surface du globe, & dans des tems infinis ? Si vous en êtes effrayé, admirez donc la sagesse de nos maximes. Nous laissons à l'Etre parfait, le soin de juger nos Maîtres ; honneur qu'il s'est à lui seul réservé. Nous sçavons obéir jusqu'à la mort : tant nous craignons de troubler la tranquillité publique, sans laquelle il ne peut y avoir sur la terre ni vertu, ni bonheur.

I X.

Il me semble que les Athées sont aussi excellens Politiques, qu'ils sont bons Chrétiens.   X.

(49)

X.

Il y a peu d'actions abominables,
qui n'ayent eu quelquefois des applau-
diſſemens ; mais la Raiſon ne donne
jamais au crime, ſon ſuffrage ; & la Religion défendit toujours juſqu'aux moindres délits.

XI.

Non, la Religion ne prétend point
ſeule régler notre conduite. Le Chrétien, qui vit dans un Etat Monarchi-
que, ſuit d'autres Loix pour le détail
de la vie civile, que celui qui eſt né ſous
un gouvernement Républicain. Nous
ſommes hommes & citoyens avant d'ê-
tre Chrétiens ; & nous ne ſortons point
de la ſociété, pour entrer dans l'E-
gliſe.

XII.

Si, par impoſſible, le Sage ſe trouvoit réduit à choiſir entre le malheur

& le crime, il fe décideroit pour le malheur ; mais fous un Etre parfait., il y a contradiction, qu'un homme ainfi difpofé, foit jamais dans la néceffité de devenir criminel ou malheureux ; il y a contradiction, que la fomme de fes douleurs foit plus grande que celle de fes plaifirs ; il y a contradiction, que fon éxiftence, à tout prendre, ne foit pas pour lui un bien réel.

Aux yeux de l'Incrédule, le plus grand des biens, c'eft, fans doute, la vie préfente. Sa probité ne pourroit donc envifager le fquélette de la Mort ?

X I I I.

La Religion ne propofe à nos defirs ni l'or, ni les voluptés, ni les honneurs. L'objet qu'elle nous offre, eft un objet infini : tous peuvent en jouir à la fois : c'eft ainfi qu'elle bannit les jaloufies & les haînes. Dans un Etat, où tout feroit égal pour chacun ; ce qui eft impoffible quand les biens aux-

quels on aspire , sont bornés; on ne verroit jamais d'ennemis , point de rivaux.
Nous vivons ici-bas sans ambition: si nous
sommes vraiment Chrétiens, nous comptons pour rien tous ces avantages passagers , que se disputent les passions ;
nos desirs sont fixés sur un bonheur que
chacun peut posséder tout entier : cependant , on prétend que la Religion ne
nous rend ni pacifiques , ni sociables.

§. X.

Des Idées.

I.

LE seul homme (*) qui ait appro-
fondi encore la grande & intéressante
question des idées, fut badiné pendant
sa vie, & même après sa mort : c'est la
plus solide réponse que ses adversaires
opposent jusqu'à présent à ses raisonnemens démonstratifs.

II.

Nous connoissons l'Infini, c'est un
fait : je sçais qu'une ligne qui seroit infinie, se prolongeroit au-delà de toutes
les lignes bornées ; qu'elle n'auroit point
de bout. Je pense qu'il n'y a personne
qui puisse nier cette vérité ; ainsi je
néglige toutes les chicannes que l'on a

___

(*) *Malebranche.*

coutume de faire fur la nature de cette idée.

Je vous demande feulement : eft-ce un pur néant que votre efprit apperçoit, lorfqu'il penfe à l'infini ? ou bien eft-ce une réalité ? C'eft une réalité, dites-vous. J'infifte, & je vous demande de nouveau : eft-ce une réalité finie, ou un être fans limites ? C'eft une chofe bornée, répliquez-vous ; mais que je fuppofe croître *toujours*. Si je vous priois de me développer ce que vous entendez par ce terme, *toujours*, vous retrouveriez encore l'infini fous cette expreffion, & ainfi de fuite.

L'idée de l'infini ne peut être un amas d'idées finies ; car l'infini n'eft point compofé de parties ; ou fa moitié feroit égale au Tout. Qu'eft-elle donc ? fi-non un éclat de la divine fubftance, qui éxifte, par conféquent ?

I I I.

Je fçais que le Dieu que la Reli-

gion propofe à nos adorations, eft un
Etre fuprême, dont les perfections font
également infinies en nombre & en
réalité. J'entends fi bien cette définition, que je diftingue par-là très-
facilement le premier Etre, & d'a-
vec le néant, & d'avec tout ce qui n'eft
point lui. Or, comment pourrois-je m'é-
lever jufqu'à difcerner non-feulement
l'infini, mais une infinité d'infinis divers ; fi l'indivifible fubftance, qui les
renferme, ne fe manifeftoit à moi ? Af-
furément une diverfité infinie d'effences pofitives ne fe connoît point par
négation. J'apperçois donc l'infiniment
infini : donc il éxifte, & fi tout infini
eft néceffairement fimple en fubftance ; à plus forte raifon l'infini par excellence, l'infini en toutes maniéres,
l'infiniment infini, le Dieu auquel la
Religion rend fes hommages, & que
l'Incrédulité blafphême ?

✢

(55)

I V.

Les idées, selon l'immortel Malebranche, sont néceffaires : elles ne sont
point nées avec nous ; mais bien plutôt nous sommes nés pour les contem-
pler : elles sont préfentes à l'ame dès le
premier inftant de son exiftence. Soit
que je m'applique à l'idée de Dieu, soit
que je n'y faffe point d'attention, elle
ne se fépare jamais de mon efprit. Il
m'eft libre de penfer à Dieu : or je ne
puis vouloir penfer à une chofe, fans
y penfer déja, au moins confufément.
Au refte que les nouveaux Philofophes
ne s'élévent point, jufqu'aux plus fublimes régions de la Métaphyfique : nous
ne le trouverons pas mauvais. La tête
peut tourner lorfqu'on n'eft point accoutumé à voler fi haut : il eft bien
plutôt fait de croire bonnement, que
toutes les idées nous viennent des fens.

V.

Je suis effrayé, s'écrioit un Anti-
Cartéfien du fiècle dernier : on avance
que les bêtes n'ont point d'ame : on en
dira bientôt autant des hommes. Vous
vous effrayez de peu de chofe, répondit quelqu'un : Defcartes foutient
que les bêtes ne fentent point, ou, fi
vous voulez, que nous n'avons point de
preuves qu'elles foient fenfibles ; mais
qui croiroit fur fa parole, que les hommes font incapables de douleur? Quand
je fouffre, qui me démontrera que je
ne fouffre pas ?

V I.

Tous les hommes ont l'idée de l'infini : il n'y a pas deux infinis du même
genre dans la Nature : donc l'idée de
l'infini eft une idée commune. Il en eft
des yeux de l'efprit, à peu près comme
de ceux du corps. Plufieurs fpectateurs
peuvent regarder le même édifice : ils

'en admireront les beautés, selon qu'ils
jouiront d'un organe plus ou moins parfait.

V I I.

Les vrais Théologiens raisonnent,
comme les autres, sur des axiomes évidens, & sur des faits incontestables. Ils
bâtissent aussi solidement que les Géo-
metres; mais tout le monde n'est pas
Newton ou Bossuet.

§. XI.

De la Liberté.

I.

J'AI cru jusqu'ici que j'étois libre, que je faisois ce que je voulois, que je m'abstenois d'agir, quand je le jugeois à propos; & assurément j'avois un préjugé bien légitime, le sentiment intérieur de ma liberté. La Raison, d'accord avec *mon préjugé*, me confirmoit dans cette pensée. Un être qui est successivement affecté de plaisir & de douleur, me disoit-elle, doit être capable de mérite. Autrement il détesteroit son état, lorsqu'il souffre; il le détesteroit nécessairement, invinciblement : sa volonté seroit en contradiction avec celle de l'Etre suprême, auteur de la douleur, comme de toute autre modification réelle & physique des substances, qu'il a créées. Si je suis libre, au contraire ,

je puis fouffrir avec patience les douleurs paffagères, qu'il m'envoye; dans
la ferme perfuafion, que, fous un
Dieu jufte, l'innocent ne fçauroit être
malheureux, recevoir plus d'afflictions que de biens. Ainfi mon cœur
n'eft point dans cette hypothèfe, forcé-
ment déréglé. Je me reprochois à moi-
même, malgré moi, les plus légères fautes; & je m'applaudiffois, lorfque j'a-
vois fait quelque action louable.

Aujourd'hui on répond à tout cela :
Et quoi ? Qu'il ne faut pas s'étonner,
fi toutes les facultés de l'ame ne s'expliquent pas d'une manière fatisfaifante.
en la fuppofant matérielle, parce que
la péfanteur eft un phénomène qui n'eft
pas, dit-on, plus facile à comprendre.

I I.

Quel eft le Théologien qui nie que
l'ame agiffe fur le corps, & le corps fur
l'ame, au moins comme caufes occafionnelles & fecondes ? Cela détruit-il la

liberté? Nous difons ordinairement que ces deux fubftances ont befoin d'un intermède ; que Dieu lui - même en fait ce tout perfonnel , qu'elles com- pofent ; qu'il fuffit pour cela qu'il im- prime des penfées dans l'ame en con- féquence des mouvemens du corps , & qu'il opére des mouvemens dans le corps en conféquence des penfées de l'ame. Voilà les caufes occafionnelles dont on rit; mais fans en faire voir le ridicule.

I I I.

Quoi ? nous ne penferions jamais que malgré nous ? Nous ne nous applique- rions jamais librement à une idée? Nous ne pourrions jamais détourner notre ef- prit de celles qui fe préfentent ? C'eft nous infulter. Qu'eft-ce que la folie ?

I V.

Il n'eft point vrai, à parler en ri- gueur , que la liberté foit la bafe de la

Religion. La raison nous démontre l'é-
xiftence d'un Dieu, par des millions de
preuves. Comparant avec la juftice de
ce Souverain Etre, les faits inconteſta-
bles qui arrivent tous les jours ; je conclus que je ſuis libre : en effet, me dis-
je à moi-même, la parfaite juftice ne
ſouffre point, que celui qui eſt également-
ment incapable de mériter & de démé-
riter, ſe trouve jamais ſoumis à la douleur. D'ailleurs le ſens intime de ma liberté, je l'aurois indépendamment de
la révélation. C'eſt ainſi que les Incrédules, en voulant ſapper les fondemens
de la Religion, frappent ſouvent à côté.

V.

N'eſt-il pas certain que nul eſprit,
quelque perçans que ſoient ſes regards,
ne ſçauroit voir ce qui n'eſt point ? Qui
en doute, répondez-vous ? Permettez-
moi de vous faire encore une queftion.
Suis-je jamais néceffité à juger ce que
je ne vois point ? Il ne m'eſt pas poffi-

ble de ne point croire que deux fois
deux font quatre, parce que cette vérité m'eſt évidente ; mais ne puis-je pas
toujours m'abſtenir de donner mon conſentement à ce qui n'eſt point manifeſte ?
Si j'en ai la facilité, & tout homme auſſi
bien que moi, nous ſommes maîtres de
nos déterminations ; puiſqu'il eſt conſtant d'ailleurs, que ſouvent nous adhé-
rons à ce qui n'eſt point évident.

V I.

Il ne faut pas confondre la liberté
avec l'indifférence. Un être à qui tout
ſeroit égal, n'agiroit jamais, il manqueroit abſolument de motifs ; mais celui qui eſt vraiment libre, eſt capable
d'agir. Les corps ſont indifférens au
mouvement ou au repos : c'eſt pourquoi ils ne ſe meuvent jamais d'eux-
mêmes.

V I I.

L'idée de l'Etre ſans bornes, nous eſt

continuellement préfente ; quoique nous n'y faffions prefque jamais réfléxion. Nous penfons à cette vafte réalité ; nous l'appercevons toujours quand nous nous occupons des objets finis , & fur-tout quand nous concevons le fini en général : car le plus grand des êtres bornés , ne peut fe connoître que par la fubftance illimitée : donc les biens finis ne nous féduifent pas invinciblement. Nous trouvons dans les immenfes tréfors de l'Etre, qui nous font toujours ouverts, de quoi détacher nos défirs des faux biens qui nous enchantent ; de quoi les fixer pour jamais.

VIII.

Le plaifir eft néceffairement agréable, & la douleur amère ; mais l'amour même des plaifirs nous en fait facrifier de légers, pour en obtenir de plus folides ; & la haîne de la douleur nous engage à fouffrir un moindre mal, pour en éviter un plus grand.

I X.

La volonté eſt ce tranſport, ce vol de
l'ame vers la cauſe de nos plaiſirs : voilà
des expreſſions métaphoriques ; mais
de peur que certaines perſonnes ne les
prennent à la lettre ; je dis que la volonté eſt l'amour invincible de l'ame
pour la vraie cauſe de ſa félicité, que
ſouvent elle ignore. Le moindre plaiſir
réveille cet amour, parce que ſon motif
eſt le bonheur. Or tout plaiſir nous rend
heureux plus ou moins. Mais il n'y a
que la préſence du ſouverain bien, qui
puiſſe fixer nos cœurs irrévocablement.

X.

Tant que mes plaiſirs ſont ſuſceptibles
d'accroiſſement, je deſire toujours ; ſi
un plus grand bien ſe préſente à moi,
je quitterai celui dont je jouiſſois : donc
je ne ſuis attaché invinciblement à aucun plaiſir ſur la terre ; & pourvû qu'on
me montre le ſouverain bonheur, je

trouverai des forces pour rompre mes liens. Ce ne font donc pas les chaînes de la néceffité qui me captivent ? Plein de l'idée de l'Etre parfait, je ne cefſe jamais entièrement de penſer à la ſuprême félicité, que je ne trouve jamais dans les objets finis.

X I.

La Religion bien entendue, a-t-elle produit beaucoup de ſuïcides ? Mais malheur aux Athées mélancoliques !

X I I.

Les difficultés de la morale ont leur ſource, principalement dans les circonſtances ; dont il eſt ſouvent très-difficile de s'aſſurer. On s'accorde généralement ſur les principes ; il n'en eſt pas de même lorſqu'il s'agit de l'application. Voilà ce que diſoit Platon, long - tems avant nous ; & la Raiſon beaucoup plus longtemps avant lui.

XIII.

Une action qui n'eſt point coupable, ne laiſſe jamais de remords : une action forcée abſolument, n'eſt jamais criminelle. Donc nous ne voyons point de néceſſité dans les actions, dont nous avons coutume de nous repentir. On peut être fâché d'avoir agi ; mais on ne ſe le reproche jamais, lorſqu'on ſçait qu'on a manqué de liberté ; lorſqu'on ignore même ſi l'on étoit libre. Quel eſt l'objet du remords ? Toute paſſion a ſon objet ; vous direz que celui du remords eſt une chimère ? reſte à ſçavoir, ſi une chimère peut être ſentie : les méchans ſe ſentent rebelles à la Raiſon.

XIV.

Pour découvrir les cauſes, qui influent ſur nos volontés, & qui nous déterminent néceſſairement à chaque inſtant de notre vie ; il faudroit, ſelon vous, une *sagacité singuliere*. Je le crois, puisque ces causes n'éxistent point.

X V.

Les Fatalistes trouvent le Fatalisme jusques dans la Religion ; ils ressemblent assez bien à cet Antiquaire , qui, pour avoir considéré trop souvent des médailles marquées d'une croix , trouvoit des croix sur la monnoie.

X V I.

Voici comme l'Athée démontre que nous ne sommes point libres :

» L'Ame au moment où elle agit,
» ne peut agir autrement : au moment
» où elle choisit, ne peut choisir autre-
» ment : au moment où elle délibére,
» ne peut délibérer autrement : au mo-
» ment qu'elle veut , ne peut vouloir
» autrement ; parcé qu'une chose ne
» peut pas éxister, & ne point éxister
» en même-tems... Ainsi la liberté ne
» se trouve ni dans la volonté, ni dans

» la délibération, ni dans le choix, ni
» dans l'action.... Quand donc l'ame
peut-elle exercer son empire?

Remarquez, je vous supplie, que
la liberté ne confiste point à pouvoir
faire dans le même tems deux choses
contradictoires. Si c'est-là ce que vous
entendez par liberté; nous vous accordons que ni l'homme, ni Dieu ne jouiront jamais de cette absurde puissance.
Lorsque nous disons qu'un être est libre;
nous voulons indiquer par-là, qu'il peut
passer de l'action à l'inaction, sortir de
son repos pour agir, faire une chose ou
une autre comme il le juge à propos;
mais nous ne prétendons pas que sa liberté ne soit point limitée par la contradiction. Ecoutez donc votre raisonnement; je ne changerai rien au sens
éxact des Phrases.

» L'ame ne peut, dans le même
» tems, agir d'une façon, & ne point
» agir de cette façon : elle ne peut à la
» fois choisir un parti, & ne pas choisir

» ce parti : elle ne peut point délibérer
» d'une maniere, & ne pas délibérer
» de cette maniere au même inftant :
» elle ne peut vouloir actuellement, &
» ne pas vouloir la même chofe «.

D'accord. Que s'enfuit-il de-là ? Je ne vois plus la conféquence !

XVI.

Quand le dogme de la liberté ne ferviroit qu'à juftifier Dieu, & à le décharger des défordres moraux, que nous voyons dans cet Univers ; notre refpect profond pour l'Etre fuprême, dont nous connoiffons l'éxiftence, feroit un motif fuffifant de l'admettre ; puifqu'il n'eft pas poffible autrement de fauver le plus flatteur de fes attributs, fa fainteté infinie.

Je conçois parfaitement un Dieu Saint, malgré les crimes qui fouillent la face de la terre ; dès que je reconnois que l'homme eft libre. En effet, c'eft de ce fouverain Etre que j'ai reçu l'exiftence,

& toutes les facultés dont je suis revêtu. Je suis maître de mon sort, avec les secours qu'il ne refuse à personne. Quelle injustice m'a-t-il faite, en me créant? Il m'a mis à portée de mériter une éternelle félicité; il m'a donné, & il me conserve à chaque instant, le pouvoir de choisir entre le bien & le mal. Une créature dont la volonté seroit nécessairement désordonnée, à la vérité, ne mériteroit aucun châtiment; mais son désordre n'en éxisteroit pas moins; & si Dieu en étoit l'Auteur; c'est en lui que résideroit le péché.

N'est-ce pas de Dieu, dites-vous, que nous tenons notre consentement au crime ou à la vertu? N'est-ce pas lui qui le forme en nous? Non: ce consentement est de nous. C'est nous qui l'accordons ou qui le refusons. Dieu nous a fait, & nous fait perpétuellement libres; donc il nous détermine irrésistiblement à chaque action particuliere? Ne sentez-vous pas, que ce raisonne-

ment n'eſt qu'une manifeſte contradiction?

Vous me demandez, ſi je ſuis in-
dépendant de la ſuprême puiſſance,
dans mes actions particuliéres ? Je réponds, que je puis agir, parce que Dieu
m'a créé; parce qu'il me crée encore,
ou me conſerve capable d'agir. Tout ce
qu'il y a de phyſique dans mes actions;
tout ce qu'il y a de réel, de poſitif; eſt
ſon ouvrage. Mais conſentir ou ne point
conſentir, eſt de mon reſſort : ce n'eſt
rien de phyſique. Je tiens de Dieu tout
l'être que je poſſéde, & néanmoins je
ſuis maître de mon conſentement.

X V I I.

La Prédeſtination que nous croyons
n'eſt point un Fataliſme. Dieu favoriſe
une portion du genre humain; mais il
ne fait point d'injuſtice au reſte : il n'a
réprouvé perſonne antécédemment à ſes
démérites : les Elus mêmes ſe ſauvent
librement. Il y a plus : le dogme de la

Prédeſtination , de quelque maniere qu'on l'entende, renverſe de fond en comble le ſyſtême du Fataliſme : la néceſſité ne connoît point de choix. Cependant les Incrédules ſoutiennent que nous ne pouvons , ſans devenir-Fataliſtes , admettre la Prédeſtination.

§. XII.

§. XII.

Dangers du Fatalisme.

I.

Qu'est-ce que la Vérité ? Ce sont les rapports mutuels, qui régnent entre les êtres. Le vrai n'est donc pas fondé sur l'utile, mais bien l'utile sur le vrai. La Vérité renferme tous les rapports, & l'utile n'en renferme qu'un certain ordre. Pour rejetter le système du Fatalisme, il suffiroit qu'il fût faux. Or il est encore infiniment dangereux.

II.

Je ne suis point étonné qu'un Philosophe, qui se croit pure machine ; ne trouve pas mauvais, que les Loix le *débâtissent*, s'il a été mal construit. Tous les jours on en fait autant à une maison qui menace ruine. Mais moi, qui sens

D

de la douleur lorsqu'on me frappe ; &
qui suis très-persuadé que la douleur ne
peut s'infliger avec justice, qu'à un être
libre qui l'a méritée ; ou qui consent à
la souffrir, dans l'espérance d'un plus
grand bien : je ne me familiariserois nullement avec les cruels principes, qu'a-
dore le Fataliste. Quoi ? parce que j'ai
fait une action, que je ne pouvois m'empêcher de faire, & que vous appellez
crime ; je serai obligé de boire, sans
murmurer, la coupe, qui n'est destinée dans l'essence des choses ; qu'à
celui qui a de plein gré, & sans aucune nécessité véritable, enfreint les régles sacrées de la Nature ? Et vous me
dites que la Religion est barbare ? La
Religion, cette protectrice éternelle de
l'innocence ? La Religion qui montre aux
Rois mêmes, dont la puissance est indépendante sur la terre, un Etre supé-
rieur, témoin & juge à la fois de leurs
plus secrettes pensées ?

(75)

III.

J'ai vû quelquefois des enfans, bat-
tre la pierre qui les avoit fait tomber :
mais j'ai toujours vû les gens senfés en
rire. Nos Philofophes ont commencé par
humanifer la Matière, dans leur bas
âge : maintenant, ils font Dieu matériel.
Lequel eſt le plus raifonnable ?

IV.

» En décernant des gibets, des fup-
» plices, des châtimens quelconques aux
» crimes ; on ne fait autre chofe, que
» ce que fait celui qui, en bâtiffant une
» maifon, y place des gouttieres «. Idée
noble !

V.

Cependant nos Magiſtrats n'ont jamais intention de punir que les délits
volontaires. Ils fe contentent d'enfermer
les foux, dont la démence eſt conſtatée ;
& de les mettre ainfi hors d'état de nuire

à leurs affociés , & à eux-mêmes. Dieu préferve le genre humain de Juges Fata-liftes , & qui n'y prendroient pas garde de fi près !

V I.

» La Religion n'eft qu'une foible bar-» riere contre les penchans de notre » cœur «. Pourquoi donc, dans le Chrif-tianifme , tant d'exemples de Vertu? Pourquoi tant de Martyrs? Perfonne n'apporte-t-il en naiffant d'autres incli-nations , que celles de la Charité ?

Hélas ! quoique la Morale de l'E-vangile , ne foit que la Raifon écrite ; combien il en coûte pour la pratiquer ! J'en prends à témoin nos Philofophes : font-ce nos Myftères , ou nos Maximes qui les effrayent le plus ? Or la Loi de Jefus-Chrift a été pratiquée ; elle l'eft en-core aujourd'hui.

V I I.

Ce n'eſt pas des caprices d'un conſeil politique , que dépendent les notions du juſte & de l'injuſte. Ce n'eſt pas même de l'utilité des choſes , quoique *l'erreur ſoit toujours nuiſible*. Les régles de la vertu ſont écrites en caractères éternels dans les eſſences des êtres. Dès qu'il éxiſte actuellement quelques réalités ; il éxiſte entr'elles des rapports. Elles ſont plus ou moins parfaites les unes que les autres , ou abſolument égales. C'eſt dans ce code immuable & néceſſaire , que nous devons chercher les principes de notre conduite. Heureux celui qui a le courage de le feuilleter , de le méditer ſans ceſſe! C'eſt de-là que les Légiſlateurs ont tranſcrit le droit civil & public. La Vérité ſeule fait le bonheur des nations : le faux eſt un néant, qui ne peut ſoutenir l'édifice de la Société : elle s'abyme, ſi elle n'eſt fondée que ſur le menſonge.

VIII.

Un Fataliste conféquent ; fuppofé même qu'il reconnût, que le tout eft plus grand que fa partie ; voudroit-il donner fa vie pour la Société ?

IX.

Les Incrédules ne nous ont pas encore démontré, qu'il y a contradiction à fuppofer quelque chofe autrement qu'elle n'exifie. Or ce n'eft qu'à ce prix , qu'ils peuvent acheter le droit d'écrire que tout eft néceffaire. Ils n'ont pas encore mis dans la balance , d'un côté tous les inconvéniens de l'opinion qu'ils défendent ; & de l'autre ceux de notre croyance , pour nous faire voir à l'œil , que la maffe des derniers, eft du moins auffi pefante. Or ce n'eft qu'à cette condition , qu'ils pourroient foutenir , que le Fatalifme n'eft point dangéreux.

§. XIII.

De l'Immortalité; & de la Vie future.

I.

D a n s le Systême des Matérialistes, l'ame n'est qu'une portion de cette substance étendue, que nous appellons notre corps. Quel droit ont-ils d'assurer qu'elle périt à la mort? Le corps se dissout; il est vrai; mais il ne s'anéantit point. Où fixerez-vous le dernier terme de cette décomposition? Peut-être que l'esprit, est une de ces particules, je ne dis pas indivisibles, mais si déliées, qu'elles sont à l'abri du tranchant que la Nature emploie, pour diviser la Matière. Si cela est; mon ame ne se détruit point avec mes organes. Mais qui vous a dit à vous, que cela n'étoit pas? Que pouvez-vous donc alléguer contre l'immortalité ? Vous fur-tout , qui permettez de croire, que la penfée eft effentielle à chaque molécule ?

Ou c'eft la Matière qui penfe en nous ; ou c'eft une fubftance qui n'a rien de commun avec elle. Si vous accordez à l'étendue , la gloire de penfer ; dites-moi quelle eft la portion de mon cerveau ou de mon corps , qui jouit de l'intelligence ? Afin que je fache fi la main de la mort , peut la dépouiller de cette faculté ?

II.

L'ame eft un être incorporel ; car toute réalité matérielle a des rapports de diftance avec les autres parties de l'Univers ; que nous le voyons manifeftement ; & que nous ne trouvons rien de pareil dans la penfée. Or puifque l'ame eft inétendue , il eft évident que les ruines du corps ne peuvent tomber fur elle : il eft évident que l'anéantiffement même de la Machine , quand on le suppoſeroit, n'entraîneroit point ſon anéantiſſement: car elle en eſt diſtinguée. La mort lorſqu'elle frappe mon corps, ne détruit pas plus mon ame, que l'ame d'un Antipode.

III.

Nous qui croyons un Dieu; nous aſſurons qu'il conſervera nos ames, & ne nous laiſſera jamais retomber dans le néant. En effet l'Etre Suprême approuve nos bonnes actions; & condamne nos déſordres. Donc il récompenſe les hommes vertueux, & punir les méchans: car le plaiſir doit être le prix de l'innocence; & la douleur la ſolde des coupables. Dieu connoit toutes choſes: il eſt revêtu de la Puiſſance Souveraine. Eſt-ce que ſes jugemens ſe réduiront à de pures ſpéculations? Tout eſt en Dieu parfaitement d'accord: Tous ſes attributs ſe confondent dans l'unité. Or la Puiſſance ſeroit-elle de concert avec la

Sageſſe ; s'il ne récompenſoit, & ne puniſſoit jamais ? Dieu ſeroit-il le Juſte par excellence ?

Mais de plus : il eſt impoſſible, qu'il récompenſe, ou puniſſe ; ſinon avec une éxacte équité. Donc il décernera des ſupplices infinis, pour des fautes infinies en malice. Or notre capacité de ſouffrir eſt bornée. Ce n'eſt que par leur durée éternelle, que les peines peuvent égaler des crimes infinis. L'é-normité de l'offenſe, ſe meſure par la grandeur de l'offenſé. Donc Dieu con-ſervera éternellement les ames des ſcé-lérats. Le néant n'eſt point un état de douleur : ainſi, il ne leur eſt point deſ-tiné. Mais les dégrés de la peine, ſeront marqués ſelon l'ordre des crimes.

Cependant, ſi l'Etre Suprême con-ſerve les méchans, pourquoi anéantiroit-il les Juſtes ? L'homme Dieu, par ſes ſatis-factions infinies, déſarme la céleſte vengeance. Les Loix eſſentielles réſer-

vent au pécheur , une coupe inépuisable. J. C. par la dignité de ſa perſonne ,
attache un prix immenſe aux douleurs
qu'il a éprouvées dans le tems. Une éternité entière de ſupplices , décernée contre de pures créatures, n'exprimeroit pas
mieux la haîne infinie d'un Dieu pour le
vice ; ni ſa Puiſſance illimitée. Il fait
tout d'un coup , ce qu'il ne feroit que
ſucceſſivement , ſans notre Rédempteur. Sa bonté rentre dans tous ſes
droits : il peut , ſans ſe démentir , nous
rendre heureux ; ſi nous voulons.

Voilà donc une preuve poſitive de
l'Immortalité. Nous trouvons dans la
Divine Juſtice, une raiſon d'aſſurer ; que
les *Subſtances Intelligentes* ne périront
jamais. En effet ; s'il eſt évident que les
ames coupables ne retomberont point
dans le néant , d'où la main de Dieu
les a une fois tirées ; qui pourroit s'imaginer que les ames vertueuſes , duſſent
y être un jour replongées ?

I V.

Les Ames vertueuses plaisent au Souverain Etre : pourquoi donc les anéantiroit-il ? Je sçais que leurs mérites demeurent toujours bornés. La même lumière qui me montre dans l'essence
des choses, que les crimes s'estiment
par la majesté de la personne offensée ;
m'y fait lire aussi, que le prix des bonnes actions, se tire de la dignité de l'A-
gent. Or constamment, l'homme est un
Etre fini. Donc il ne peut mériter par
lui-même une récompense éternelle.
Mais enfin Dieu est bon, il l'est sans
mesure ; & il exerce sa bienveillance sur
les hommes, autant que les Loix supé-
rieures de sa Justice, de sa Sagesse,
peuvent le lui permettre. Il nous a
créés, c'est un fait. Pourquoi détruiroit-
il son ouvrage, si son ouvrage lui plaît ?
Il lui est impossible, de ne point approuver un être, qui lui ressemble ;

qui régle sa conduite sur l'Ordre immuable des choses. Un tel être, mérite au moins quelque récompense. L'approbation d'un Dieu, ne doit point être stérile pour lui. Le Néant est un état moyen, qui ne suppose en Dieu ni haîne, ni bienveillance. Donc l'existence & le bonheur, sont le partage d'un homme, qui obéit fidélement à la Raison.

D'ailleurs, si l'Etre Suprême nous récompense; il nous récompensera en Dieu, c'est-à-dire, infiniment. Donc il nous conservera éternellement; puisque notre capacité de jouir est limitée, ainsi que notre capacité de souffrir.

Je ne prétends pas que le bonheur surnaturel, auquel nous aspirons; & que la Religion nous promet au nom de notre grand Médiateur, soit dû à nos mérites. Je ne prétends pas même, que les gens de bien ayent aucun droit sans lui, à l'existence. Le seul principe que j'invoque ici, c'est que Dieu agit en

Dieu, en Etre Infini. Un Roi ne récompense pas comme un autre homme : ses
dons doivent être magnifiques ; dignes
de la main qui les répand. De même, les
présens d'un Dieu veulent être infinis ;
pour porter le caractère de la Divinité.
Tant il est vrai, que la bonté de l'Etre
Suprême, surpasse en quelque sorte sa
Justice ! Il ne se conduit pas ainsi lorsqu'il punit. Il ne suffit pas, que celui
qui décerne des châtimens au crime,
soit l'Etre sans bornes : Il n'a droit d'infliger aux méchans des supplices éternels, que parce qu'il voit dans leurs
cœurs, une opposition infiniment coupable à l'Ordre & à la Vérité.

V.

L'Etre Parfait est immuable. Donc
ses ouvrages doivent ; autant qu'il n'y a
point de raison supérieure, qui le défende ; porter l'empreinte de cet attribut.

Jamais d'inconstance ; & le moins
de changement possible , dans les œuvres d'un Dieu. Or d'après ce principe ,
n'ai-je pas droit de présumer, que mon
ame est immortelle ? Quelle est la Loi
Supérieure , qui s'oppose à la perpétuité
de son existence ? Faites-la-moi connoître : ou souffrez du moins , que je
n'appuye pas mes opinions sur des chimères. Je ne vois rien , qui éxige l'a-
néantissement de la pensée.

V I.

On ne se persuade pas facilement ,
que les Patriarches ayent ignoré le dogme de l'immortalité. Rien n'étoit plus
facile à ces grands hommes , que de
raisonner ainsi : Le Dieu que nous ser-
vons, & qui nous aime ; est revêtu de
la Puissance infinie. Que lui en coute-
roit-il, de nous conserver l'éxistence ,
qu'il nous a donnée. » *Je te ferai Père

* Genes. Ch. 12. & Ch. 18.

» d'un grand Peuple, dit-il à Abra-
» ham ; ... je rendrai ton nom célébre ;
» & en toi seront bénites toutes les fa-
» milles de la Terre. ... Pourquoi Sára
» croit elle , qu'elle n'aura point de
» fils ? Est-il quelque chose d'impossi-
» ble à l'Etre Suprême » ? Celui qui
donne la vie, a le pouvoir de la conserver ? Si l'Eternel nous honore de
son amour ; il nous le prouvera par des
bienfaits dignes d'un Dieu. Mais rien de
borné, ne porte le caractère d'une ma-
gnificence infinie ? » Je te bénirai, dit
» il encore à Isaac , » à cause d'A-
braham mon serviteur. ... » Je suis le
» Dieu d'Abraham, le Dieu d'Isaac, le
» Dieu de Jacob , répète-t-il plusieurs
» fois à Moïse ». Or Dieu n'est point le
Dieu des morts ? Ce raisonnement si
simple , auroit-il échappé à tous les Sa-
ges du Judaïsme ? Dieu est Tout Puissant : donc, s'il aimoit sincèrement nos
Pères, ils éxisteront à jamais. Nous som-

mes pénétrés de la plus vive douleur, à la mort de nos amis. Dieu n'eſt donc point l'ami des morts ? Qui de nous, voudroit donner à ſon ami un fétu, pour toute marque de ſon attachement ; ſi ſon ami étoit dans le plus grand be-ſoin ?

VII.

J'ouvre le livre de Samuël ; & je trouve qu'un Prince malheureux, forcé d'en venir aux mains avec ſes ennemis, ſans reſſources, aveuglé par le déſeſpoir, eut recours à un art qu'il avoit lui-même proſcrit de ſes Etats. Il quitte ſes habits Royaux, & ſe fait conduire chez une Devinereſſe ; il lui commande de faire venir Samuël, mort depuis quelque tems. La Pythoniſſe obéit ; Saül reconnoit le Prophète, ou croit le reconnoî-tre ; n'importe. Ce Simulachre lui an-nonce tous les malheurs, qui alloient

tomber fur fa tête criminelle , & difpa-
roît incontinent.

Là-deffus , je raifonne avec vous. Il
eft donc vrai du moins , que Saül crut
voir Samuël ? il eft vrai qu'il avoit défiré
de le voir, quoiqu'il fut mort? Donc, avant
la captivité de Babylone , on tenoit que
la mort n'eft point l'anéantiffement de
notre être : on étoit perfuadé que l'homme penfe, lorfque fon corps eft diffous ;
qu'il n'eft plus un corps vivant & ani-
mé.

VIII.

Pourquoi cette affectation d'appeller
la mort un fommeil , & la vie un voya-
ge ? n'eft-ce pas infinuer un réveil, une
Patrie , où l'on efpère d'arriver ? » (*)
» Monte fur cette montagne ; dit Dieu à
» Moyfe ; meurs , & fois réuni à ton
» Peuple. » On ne fçut jamais ce qu'é-
toit devenu le corps de Moyfe : ainfi il

____

(*) *Deuter.* Ch. 22. *v.* 50.

n'eft point queftion d'une fimple fépul-
ture, parmi fes pères.

I X.

Il ne s'agit pas de ce qu'on a cru ;
mais de ce qu'il faut croire. C'eft pour
cela que l'Athée efpère d'amener le
genre humain à fes opinions ; quoique
pendant foixante fiécles, on ait conftamment adoré un Etre Suprême.
Vous fouteniez que le dogme d'une
vie future, n'avoit pris naiffance chez
les Hébreux, qu'après la captivité :
je vous le paffe ; vous n'aviez peut-être
pas lû leurs livres : d'ailleurs ce n'eft
point, encore une fois, de ce qu'on a
penfé ; mais de ce qu'il faut penfer,
qu'il s'agit entre nous. Quand l'ancien
Teftament garderoit un filence auffi profond, fur l'immortalité de l'ame, que
vous le prétendez ; qu'auriez-vous à répondre aux témoignages de l'Evangile ?
Que pourriez-vous oppofer à cette foule de Miracles, qui établiffent la Divi-

nité de Jesus-Christ, & conséquemment
la vérité de ses promesses ? » Les mé-
» chans iront aux feux éternels, & les
» justes prendront possession de la vie
» qui leur est destinée pour jamais. *Ibunt*
» *hi in ignem æternum , justi autem in*
» *vitam æternam* «. Vous direz, peut-
être, que le terme *æternum* n'est point
assez clair ? Interprétez-le par d'autres
phrases, dont le sens est plus évident.
» *Vermis eorum non moritur , & ignis*
» *non extinguitur. ... Operamini non*
» *cibum qui perit , sed qui permanet in*
» *vitam æternam* «.

Avant de soutenir, qu'il n'y a point
de vie future, il faudroit avoir démontré, que la Religion est fausse : ce n'est
pas un petit ouvrage.

X.

» Voici, dit l'Incrédule, comment rai-
» sonnent les partisans de l'immortalité :
» tous les hommes desirent naturelle-
» ment de vivre toujours ; donc ils vi-

» vront toujours. Ne pourroit-on pas
» leur rétorquer l'argument, en leur di-
» sant : tous les hommes desirent natu-
» rellement d'être riches ; donc tous les
» hommes seront riches un jour « ? Point
du tout ; ils vous répondroient sur le
champ : qu'il est faux, que tous les hommes desirent naturellement d'être riches.
Ils vous citeroient des exemples, & ils
triompheroient à coup sûr. Ils vous met-
troient ensuite au défi : » Est-il, fut-il,
» sera-t-il jamais un mortel sans goût
» pour la félicité éternelle & parfaite « ?
Vous seriez forcé d'abandonner l'affir-
mative. Donc, ajoûteroient-ils, cette
passion est naturelle : il n'y en a point
de plus générale, de plus constante, de
plus forte. Au contraire, si la soif des richesses est violente dans certains cli-
mats, où l'or darde ses rayons ; elle est
nulle ailleurs : elle varie selon les circonstances. Montrez-moi un seul exemple, où les desirs vraiment natu-
rels, n'ayent que des objets imaginai-

res ? Donc j'ai droit de juger par analogie, que je n'aspire point vainement
à l'Immortalité. Tant il est vrai que votre
retorsion est insuffisante, *& que retorquer*
n'est point répondre.

X I.

L'ame peut connoître, vouloir, penser, indépendamment de ses organes;
comme elle souffre quelquefois indépendamment de ses organes. Un homme à
qui on a coupé le bras, sent de la douleur dans une main qu'il n'a plus. Ce
n'est pas son cerveau, qui lui fait mal;
c'est le doigt, c'est le poignet. Toutefois
il n'a point de bras. Pourquoi l'ame entiérement séparée de son corps, ne pourroit-elle pas éprouver encore le mal de
tête, où la brûlure ?

X I I.

C'est la ferme persuasion de leur immortalité, qui a soutenu tant de Martyrs au milieu des supplices : ils crai-

gnoient la destruction de la machine :
mais ils desiroient encore plus ardemment la félicité, qu'ils étoient assurés
d'obtenir.

XIII.

Oui, la mort est un véritable som-
meil. L'Ame pense, tandis que nos
membres sont étendus sur la plume, ou
dans la terre ; nos corps sortiront du
tombeau, comme ils sortent du lit.

XIV.

Socrates définissoit la Philosophie,
une méditation de la mort, & il en don-
noit cette raison. Pour bien penser dès
cette vie ; il faut, autant qu'il est possible, s'élever au-dessus des sens, &
interrompre le commerce trop étroit,
qui regne entre l'ame & son corps : or,
disoit-il, la mort les séparera l'un de
l'autre entiérement. C'est donc pour-
lors que nous serons Philosophes parfaits ! Le nom de Philosophie n'a point

la même signification dans notre siécle : il s'est chargé de quelques idées qui ont plus de corps.

X V.

Sans le dogme de la résurrection ; je conçois très-bien que les ames vertueuses peuvent jouir de la félicité, & les esprits coupables être livrés à la vengeance du souverain Etre. Nous n'avons pas absolument besoin du corps ; pour goûter les plaisirs de cette vie, ni pour en éprouver les douleurs. Mais la même raison qui a engagé le Créateur à nous donner des organes matériels, l'engagera encore à nous les rendre. Quelle est cette raison, dites-vous ? Il est assez inutile de la sçavoir ; peut-être cependant, qu'il ne seroit pas bien difficile de la découvrir. Dieu s'est prescrit des Loix générales, pour gouverner le monde : ici les modifications d'une substance deviennent la cause occasionnelle des modifications d'une autre

tre

tre substance. Ainsi la conduite de l'Etre
parfait, porte le caractère de son immutabilité, de sa sagesse, de sa prévoyan-
ce infinie, de sa divinité.

X V I.

C'est calomnier la Religion, que de
soutenir, qu'elle nous enseigne que les
tourmens des méchans seront infinis
pour la durée, & pour l'intensité; ainsi
que les plaisirs des ames vertueuses. J'en
appelle à tous ceux qui ont lu l'Evangile : ils y ont vu qu'il y a de la différence
entre les récompenses & les peines,
comme entre les crimes & les bonnes
actions : ils y ont apperçu ces phrases :
Tiro & Sidoni remissiùs erit in judicio,
*quàm vobis.... Et en parlant des Apô-
tres : *Sedebitis suprà sedes duodecim,*
judicantes duodecim Tribus Israël....,
Voilà ce que c'est, que de juger sur un
ouï-dire !

B

XVII.

Le dogme de la vie future, n'a poin[t]
été inventé par l'ambition. Jesus-Chris[t]
a dit hautement, que son Royaume n'e[st]
point de ce monde. L'Eglise universell[e]
n'a jamais porté la main sur les scep-
tres ou les diadêmes. Elle n'est poin[t]
responsable des passions de quelques-uns
de ses Ministres. Tout Chrétien qui connoît sa Religion, sçait plier humble-
ment sous le joug sacré des Loix; dé-
teste jusqu'aux noms de sédition, d'in-
fidélité & de révolte. De bonne foi !
Croyez-vous qu'il faille être Fataliste ,
pour obéir aux Magistrats , pour aimer
son Roi , pour être bon François ?

XVIII.

Faites-moi voir , mais clairement ,
que si l'on effaçoit les menaces & les
promesses que nous lisons, soit dans l'E-
vangile , soit dans le Code suprême de
la Raison , il n'y auroit pas plus de scé-

térats sur la surface de notre globe, &
je conviendrai aussi-tôt que la croyance
d'une autre vie est assez inutile à la société.

X I X.

Les Incrédules conçoivent la justice
& la miséricorde, comme des forces
opposées l'une à l'autre. D'après cette
notion, il est naturel de penser que
Dieu ne peut jamais ni pardonner, ni
punir. En effet mettez d'un côté de la
balance le poids d'une justice infinie, &
de l'autre le poids d'une infinie miséricorde : n'est-il pas clair que tout demeure en équilibre ? Oui, sans doute.
Mais il n'est point ici question de le-
viers. Les attributs de Dieu ne sont
point soumis aux Loix de la méchanique. C'est le même Etre qui pardonne,
& qui punit : c'est l'Etre parfait, qui
s'appelle tantôt justice, tantôt miséricorde : suivant les différens aspects sous
esquels on les considere. En punissant,

il ne cesse point d'être miséricordie
ni en pardonnant, d'être juste. Enc
une fois, c'est la même perfection [
veraine, qui condamne le crime, &
fait grace au repentir. Tout cela peu
comprendre !

X X.

On étonne un homme trop c
dule, en lui citant cette phrase de l'E
clésiaste : *nihil habet homo jumento a*
pliùs. Mais quiconque auroit lû jusqu'
bout, seroit en état de le rassurer,
lui rapportant la conclusion de tout l'o
vrage : » Crains Dieu, mon fils, obser
» ses Commandemens : voilà en qu
» consiste l'homme. L'Eternel juge
» un jour toutes nos actions «. C'e
sur-tout dans la conclusion d'un discours
qu'il faut chercher les vrais sentimen
de l'Auteur. Mais le Roi de Jérusalen
avoit quelquefois éprouvé des inquié
tudes : l'appas des plaisirs avoit sédui
son cœur : les nuages du scepticisme s'é

toient élevés fur fes penfées : il l'avoue
modeftement , & l'on conclut de cet
aveu qu'il étoit Matérialifte. Il n'eft pas
que nos Incrédules modernes , n'ayent
été fouvent ébranlés dans leurs opinions.
La lumiere de la vérité a du percer fouvent les ténébres, dont ils aiment à
être enveloppés. Pour cela , aurois - je
droit d'affurer qu'ils font tous bons Chrétiens ?

§. XIV.

De l'Education, de la Morale, des Loix, du Suïcide.

I.

L A Nature eſt l'aſſemblage de tous les êtres ; elle renferme les créatures & le Créateur ; elles contient toutes les vérités , tous les objets de nos études. On a ſouvent donné ce nom à l'Univers ; c'eſt pourquoi la Religion a parlé de choſes ſurnaturelles. Si les Incrédules ne ſuppoſoient pas gratuitement, qu'il n'éxiſte que de la Matiére ; nous dirions, ſans peine avec eux, que la Nature eſt la meilleure , ou plutôt la ſeule inſtitutrice ; que fidélement conſultée , elle ne laiſſe ignorer aux hommes aucuns de leurs devoirs. Mais les mots ont beſoin de définitions aujourd'hui , plus que jamais.

(103)

I I.

Ce n'eft pas de la bouche du Chrétien, qu'eft fortie cette maxime : » Que
» l'état de fociété eft un état de guerre,
» du Souverain contre tous, & de chá-
» cun des membres, les uns contre les
» autres » Le Chrétien, l'homme vertueux, fçait obéir tant que la Raifon le
lui permet ; il fçait mourir, plutôt que
de jamais fe révolter, fous quelque prétexte que ce puiffe être, plutôt que de
caufer jamais le moindre trouble dans
la Société. Il n'ignore pas que le
monde moral, comme l'Univers phyfique, eft expofé à mille révolutions ; que
les moindres caufes étendent fouvent
leur action dans tous les fiécles. De même qu'il n'afpire point à tenir les rênes
des faifons, à gouverner les Aftres & les
Planetes, à régner fur la vafte étendue
de la Matière : ainfi la foumiffion à fes
Maîtres, fera toujours fon partage : il
voit avec joie l'autorité fuprême entre

les mains de ceux, à qui une Providence éternelle a jugé à propos de la
confier , & qui ont été choisis par le
suffrage des peuples. Persuadé qu'ils sont
hommes & faillibles conséquemment ;
il ne croit pas pour cela, qu'ils soient
comptables à d'autres qu'à Dieu , des
fautes qu'ils peuvent commettre : il regarde comme le plus énorme des crimes , de toucher aux ressorts de cette
vaste machine , qu'un rien peut déran-
ger pour jamais, ou briser même , &
qu'ils ont droit de gouverner seuls. Les
suites funestes des principes contraires ,
l'anarchie qui marche après eux , les lui
fait détester. Si les Maîtres des Nations
ne commandoient qu'à des hommes
vertueux, ils le seroient infailliblement
eux-mêmes ; ils régneroient dans les
cœurs de leurs sujets, & leurs sujets dans
leurs cœurs.

I I I.

Vous qui philosophez à votre aise ; si

toutefois c'eſt la Philoſopher ; qui dé-
clamez ſans fin contre les Loix & le
Gouvernement ; qui anéantiſſez le monde intellectuel , & qui voulez réformer
le monde viſible ſur vos idées : vous ne
ſeriez pas ſi tranquilles dans votre ca-
binet ; vous n'y bâtiriez & débâtiriez
pas à loiſir tant de ſyſtêmes ; ſi tandis
que vous rêvez chez vous, l'autorité publique ne veilloit pas le glaive à la main
autour de votre maiſon, & n'inſpiroit
pas une frayeur ſalutaire aux méchans
qui vous environnent. C'eſt la Société
qui les a faits ces méchans ? Quoi donc ?
Penſez-vous qu'il y en eût moins ſous
vos biſarres principes ? Penſez-vous qu'il
ſuffiſe , pour nous rendre bons, de bri-
ſer le plus puiſſant aiguillon de la vertu ?

I V.

Pour attacher l'homme à ſes devoirs,
montrez-lui des biens préſens ; & pour
l'éloigner du crime, faites-lui voir les
châtimens qui le ſuivent ici-bas. Mais

gardez-vous de lui dire, que des récompenses éternelles attendent les Justes
au sortir de ce monde, & que des supplices sans fin sont réservés aux méchans.
Car l'idée d'un malheur éternel suffiroit
pour enhardir ceux que la vue d'une
mort prochaine effraye ; & au contraire
l'espoir d'un bonheur sans fin, ôteroit
aux couronnes actuelles de la vertu toute
leur fraîcheur & tout leur éclat. Plus un
bien est grand, moins on le desire ; plus
un mal est affreux, moins on le redou-
te. Voilà de quoi contenter ceux qui aiment les paradoxes.

V.

La nouvelle Philosophie est mere du
Désespoir, & le Désespoir pere du Suïcide. Ne nous étonnons donc pas, que
l'Ayeule montre tant d'indulgence envers son Petit-Fils. Un Chrétien éclairé
n'attente point à sa vie : un véritable
Philosophe regarde le suïcide comme un
crime énorme. Tous deux sçavent qu'ils

ne font point nés pour eux feuls ; que la fociété eft un grand Tout, dont ils ne font que de très-petites parties. Et qui m'a dit que mon exiftence ne fera pas utile, néceffaire à quelques malheureux ? Je fuis malheureux moi-même ? Le ferai-je long-temps ? Du moins je cefferai de l'être, lorfque la mort viendra, fans que je l'appelle, me décharger de mon fardeau. Je fuis certain qu'elle ne m'oubliera pas ; que fes délais ne font au plus que de quelques années. Et perfonne n'aura-t-il befoin dans ce court efpace, de mes fervices, de mes confeils, de mon fecours ? Je me trouve dans l'impoffibilité d'être utile ? Il eft rare ; il n'arrive peut-être jamais, qu'un homme en foit réduit à ce point. D'ailleurs, combien de retours ! Combien de changemens inopinés ! Combien de guérifons fubites s'opérent fur les corps, fur les efprits, fur les fortunes ! Quand vous n'auriez d'autre avantage que de donner un exemple de patience, à ceux

qui feront témoins de vos douleurs, &
dont l'exiftence eft ou pourra être utile
à leur famille, à leur patrie, au genre
humain ? Nous fçavons nous facrifier
pour la Société en mourant, ou en vivant lorfqu'il le faut. Qui l'aime davantage, de vous qui ne voulez point vivre, ni peut-être mourir pour elle, ou
de nous qui fommes également prêts à
tout, pour la fervir ?

V I.

Il n'eft perfonne pour qui la vie n'ait
eu des charmes, du moins pendant
quelque tems. Alors il vouloit ardemment la conferver : il a contracté avec
la Société ; il s'eft mis fous l'abri des
Loix ; la patrie l'a compté au nombre
de fes enfans ; elle lui a promis fa pro-
tection, à la charge de la fervir de tout
fon pouvoir. Quoi ? elle a rempli d'a-
vance fes engagemens à votre égard, &
vous croyez en être quitte pour vous en-
fuir, lorfque vous avez joui de fes bien-

faits? Vous plaindriez-vous d'un homme que vous auriez payé, pour être pendant un an à vos ordres, & qui disparoîtroit au sixieme mois avec votre argent? Sur-tout si jusques-là il n'avoit fait autre chose pour votre service, que de prendre exactement chez vous ses repas?

V I I.

A la lumiere de ce principe, le Suicide paroît ce qu'il est, non une action de courage, mais un effet du désespoir & de la lâcheté. Qu'est-ce que la vertu, dont les foux & les furieux sont capables? Le grand Caton, ce Colosse de magnanimité aux yeux des Romains, est un Pigmée aux yeux de la Sagesse & de la Raison. Quel bien sa mort a-t-elle produit? Quel fruit en ont retiré ses concitoyens? Quel homme y a trouvé le moindre avantage? Cependant la seule circonstance où la Raison nous permette de disposer de nos jours; c'est lorsque

la félicité de nos semblables, car la nôtre ne l'éxige jamais, le demande évidemment. Voilà en quoi consiste l'hé-
roïsme. Mais s'enfoncer l'épée dans le
sein par ennui de la vie, par chagrin &
désespoir, par un amour mal réglé de
l'Etat, par orgueil, comme Caton ; bat-
tre ceux qui s'opposent à cette phréné-
sie, leur casser les dents, se rouvrir les
entrailles, afin de mourir, malgré tous
les efforts de l'Art ; est-ce là être héros
ou furieux ? Du moins ce n'est pas être
lâche ? Non, s'il n'y a point de lâcheté à
ne pas se soumettre aux Arrêts suprêmes
de la *nécessité*, ou plutôt de la Providence.

V I I I.

On accuse Jesus-Christ de Suïcide ;
on cherche vainement de l'inconséquen-
ce dans nos Loix, qui défendent de s'ar-
racher la vie ; on nous cite les Martyrs,
qui se sont présentés volontairement à la
mort, & à qui toutefois l'Eglise rend

des hommages; on nous objecte auſſi les Pénitens, qui détruiſent leurs corps plus lentement. Mais on oublie donc que nous regardons J. C. comme Dieu; que ſa divinité, ſelon nous, eſt ſuffiſamment démontrée; qu'en conſéquence il avoit ſur la Nature humaine qu'il s'étoit unie perſonnellement, un pouvoir ſouverain? Que d'ailleurs la gloire de ſon Pere, le ſalut du monde, étoient pour lui des motifs raiſonnables, de faire le ſacrifice dont on ſe plaint ſi amèrement. Où eſt donc la contradiction? Quant aux Martyrs, nous ne ſommes point obligés de les juſtifier tous. L'Egliſe même, en canoniſant quelquefois ceux qui ſe ſont offerts au ſupplice, a défendu de les imiter. C'eſt leur charité, & non leur imprudence, qu'elle a couronnée. Il en eſt ainſi des Pénitens. Les excès d'auſtérités ſont défendus par la Loi eſſentielle de la Nature; ſi l'on viole cette Loi, on n'obéit point en cela à l'Egliſe. Au reſte, l'Egliſe ne commande point tout ce qu'elle tolere ; elle n'approuve point tout ce qu'elle ne condamne pas diftinctement.

IX.

Mais enfin, Dieu ne peut-il pas nous ordonner de fortir de la vie ? Sans doute, il a droit de nous redemander ce qu'il nous a donné pour un tems. Mais ne craignons point qu'un Chrétien inftruit de fa Religion, fe livre jamais au Fanatifme. Il y a une révélation publique & folemnelle, établie fur une multitude de miracles évidens ; toutes les prétendues révélations particulieres, qui la contrediroient, ne mériteroient point d'égards. Pour balancer nos miracles, il ne faut pas moins que des miracles égaux. Des prodiges folitaires, des faits qui ne feroient ni fi notoires, ni fi multipliés, ni fi étonnans, ne devroient faire fur nous aucune efpéce d'impreffion.

§. X V.

Des Intéréts des hommes ; du Bonheur.

I.

LE Bonheur confiste dans la perfection de notre être, & la jouissance des plaisirs qui lui conviennent. Un homme forcé de se désapprouver, n'est point heureux ; & celui qui s'approuve, manque d'une chose essentielle à la félicité ; s'il ne goûte dans cet état aucun plaisir. Indépendamment des passions, du tempéramment, de l'organisation particuliere à chaque individu ; nous avons tous du Bonheur la même idée. Quel est le mortel, qui ne préférât point aux objets qu'il poursuit avec le plus d'ardeur, celui qui lui procureroit pour jamais les connoissances dont sa Nature est capable, mêlées des sentimens délicieux, qui sçavent se concilier avec la vûe de la vérité ? Il n'est point d'ignorant, qui

ne voulût être sçavant ; point de volup-
tueux, qui ne consentît à sacrifier ses
plaisirs, pour obtenir des plaisirs plus
doux, & plus constans. Si donc l'on proposoit successivement à tous les hommes
les plaisirs les plus agréables, & en même
tems la plus haute perfection, dont sa nature, je ne dis pas son tempéramment,
son organisation, ses passions actuelles,
le rend susceptible : je mets en fait qu'aucun ne refuseroit de tout quitter, pour en
jouir. D'où il est évident que nous avons
les mêmes inclinations primitives, & les
mêmes notions de la félicité. Cependant
j'avoue qu'animés de ces inclinations,
& pénétrés intimement de ces idées,
les hommes courent après des objets différens. Mais n'est-ce point une nouvelle
preuve de notre liberté ? Nous avons
tous un penchant invincible, pour le
même bonheur. Rien ne peut détruire
ce penchant, ni l'affoiblir. Pourquoi donc
prenons-nous des routes si diverses, si
opposées ? Nous sentons nos forces ; il

n'eſt queſtion que d'apprendre où eſt le bonheur ; nous ſommes prêts d'y courir, d'y voler malgré les obſtacles. Le déſordre de notre conduite, vient donc uniquement de l'erreur qui régne dans nos jugemens. Or nous ne ſçaurions voir le bonheur où il n'eſt point. Ainſi les apparences ne nous ſéduiſent pas malgré nous. Nous ne ſommes jamais contraints de juger qu'en préſence de la vérité.

II.

Tous les hommes aiment le plaiſir en général. Il eſt de l'eſſence du plaiſir de *plaire*, ou d'être aimé plus ou moins. Mais la différence des goûts vient de ce que les mêmes choſes ne font point les mêmes impreſſions ſur tous les organes. Les ſenſations s'operent en conſéquence de l'action des objets ſur les fibres de notre corps. Or il eſt certain qu'il y a des différences auſſi réelles entre les cerveaux, qu'entre les viſages. Si donc le mouvement, que produit un objet dans vos yeux, est favorable à la constitution de toute la machine ; vous éprouverez un sentiment agréable, tandis que moi je serai frappé d'une modification pénible, parce que la même cause agira trop violemment à mon égard. Mais ne nous y trompons pas : ce que vous appellez plaisir, ne peut jamais me déplaire par lui-même, lorsque je l'éprouve. Si j'étois affecté comme vous l'êtes, j'aimerois ce que vous aimez. Il n'y a entre les mouvemens divers de nos organes, que du plus ou du moins ; entre nos sentimens, il y a bien une autre distance. La douleur n'est point un petit plaisir ; ni le plaisir une foible douleur. Une sensation agréable ou affligeante, l'est pour tous les Individus qui l'éprouvent ; mais le même mouvement n'est point capable de détruire toutes les machines.

III.

L'intérêt d'un homme, c'est ce qui

lui eſt néceſſaire, non d'après ſes jugemens, qui peuvent être vrais ou faux;
mais d'après l'eſſence des choſes, pour
parvenir à la félicité. Quand on refuſe
aux enfans & aux inſenſés ce qu'ils demandent avec le plus d'empreſſement;
on ne néglige pas toujours leur intérêt.

V I.

Le véritable intérêt de l'homme, eſt
de ſuivre l'ordre immuable des choſes;
de l'exprimer, autant qu'il eſt poſſible,
dans toute ſa conduite. Ainſi il obtiendra infailliblement l'eſtime de ſes ſem-
blables; il vivra tranquille & content de
lui-même; la mort n'aura rien d'effrayant pour lui; elle ne ſera que le paſ-
ſage à un ſort plus heureux, qu'il a droit
d'attendre. Ainſi l'intérêt de l'Avare,
quoi qu'il en diſe, n'eſt point d'amaſſer
des richeſſes; ni celui celui du Volup-
tueux de ſe livrer à ſes paſſions aveugles; à moins que ce qui s'oppoſe à notre
félicité, ne ſoit un moyen d'y parvenir.

V.

Quoique la vertu, ou la foumiffion conftante à l'ordre immuable des
chofes , foit prefque affurée d'obtenir l'eftime des autres hommes, & le
bonheur dont il eft permis de jouir fur
la terre; il eft vrai peut-être qu'elle eft
fouvent difgraciée ; que fouvent elle lan-
guit dans l'infortune & la misère. Il eft
encore vrai, que le Sage, au milieu de
l'abandon général des mortels, goûte
des délices dont le méchant riche &
honoré, n'a aucune connoiffance. Mais
vous n'ignorez pas la foibleffe de l'homme : pourquoi me défendez-vous de lui
montrer les biens ineftimables, dont
la mort doit mettre le Jufte en poffef-
fion ? Cette efpérance flatteufe, s'unif-
fant aux avantages préfens, qui le foutiennent, l'affermira, le rendra inébranlable. L'Incrédule eft-il en état de bra-
ver la mort, fi fon intérêt actuel ne le
demande pas ? Nous fçavons faire à la

Société le sacrifice de la vie la plus commode, & la plus agréable, lorsqu'elle l'exige. L'horreur du néant n'est point pour nous. La crainte de perdre des biens passagers, est balancée par l'espoir d'en acquérir de plus durables. Chose singuliere ! Les Philosophes de ce siécle, nous blâment, parce que nous défendons le Suïcide, & ils condamnent la seule espéce de Suïcide que permette la Religion ; qui est d'immoler sa vie pour le bonheur des autres hommes !

I V.

L'Auteur du *Systême de la Nature* a effacé, d'un seul trait de plume, tout le mal qu'il a dit de la Religion. » L'in-
» térêt actuel de nos plaisirs, de nos
» passions, de nos habitudes, l'emporte
» *toujours* sur l'intérêt qu'on nous mon-
» tre à obtenir un bien-être futur, **ou**
» à éviter des malheurs, qui nous pa-
» roissent douteux toutes les fois que
» nous les comparons à des avantages

préfens «. La Religion , de votre aveu , ne peut donc faire aucun mal fur la terre ?

V I I.

Une juste estime de soi-même, n'est point défendue. On doit s'aimer aussi, mais d'un amour éclairé. La Religion ne me fait pas un crime de vouloir être heureux, ni de me préférer à un moucheron.

V I I I.

Ne défirons ni les richesses, ni surtout le pouvoir. Les besoins naissent en foule, dans les maisons où ils trouvent de quoi dévorer. La médiocrité loge fous fon humble toît la fanté & la joie. Mais plaignons ceux que la Providence a revêtus de l'autorité : tâchons de les dédommager par nos respects & notre obéissance. Consentir à gouverner les hommes, est le plus grand sacrifice que

puisse

puiſſe faire un mortel à l'Etre ſuprême
& à la Société.

§. X V I.

Des erreurs des hommes, ſur ce qui conſ-
titue le bonheur.

I.

IL n'eſt perſonne qui ne deſire d'être
parfait, & de jouir en même tems des
plaiſirs les plus doux & les plus conſ-
tans. En cela nous n'avons aucun égard
à l'état de nos organes. S'il falloit ſe dépouiller de ſon corps, pour acquérir la
ſouveraine perfection & la ſouveraine
félicité ; il n'eſt perſonne qui n'y con-
ſentît volontiers. On a donc une notion
aſſez claire du bonheur. On voit bien
qu'il ne réſide pas néceſſairement ſur la
terre, puiſqu'on ne refuſeroit pas de la
quitter, pour devenir heureux. Les hommes ſçavent bien ce qu'ils cherchent;

mais ils ignorent souvent où le trouver.
Ils croyent souvent aussi le trouver où
il n'est pas. Ce ne sont ni les richesses,
ni les plaisirs que nous goûtons ici-bas,
ni l'estime des autres mortels, qui peuvent remplir nos vœux. Tout cela ne suffit point pour nous satisfaire, si nous n'a-
vons pas de nous une idée avantageuse.
Et comment nous plaire à nous-mêmes,
lorsque nous sentirons notre ignorance ?
Ainsi, connoître la Vérité, est de l'essence du parfait bonheur.

Mais si je suis éclairé sur la nature des
êtres, & sur leurs relations mutuelles ;
comment pourrai-je m'approuver, lorsque je ne rendrai point à chaque être la
justice qui lui est dûe ? Lorsque je ne les
estimerai pas à proportion de leurs mérites ? C'est-à-dire, lorsque je ne serai
pas vertueux ? De-là naîtront nécessairement le mépris de moi-même & les remords. On voit donc que la Vertu entre aussi dans l'essence de la félicité.

Que seroit-ce cependant, que la vertu

la plus sublime, & les plus vastes connoissances destituées de tout plaisir ? Assurément le bonheur ne souffre point
l'indifférence dans le cœur qui le posse-
de. Donc la félicité suprême consiste
dans la vûe de la vérité, & dans l'amour
de l'ordre, accompagnés des sentimens
délicieux qu'ils admettent.

Si tous les hommes éclaircissoient
ainsi les notions qu'ils ont du bonheur;
on les verroit travailler constamment à
s'instruire & à régler leurs penchans;
qui est la seule partie de la félicité, qui
soit maintenant entre leurs mains. Du
moins ils seroient contens d'eux-mêmes, & ils goûteroient dans le secret de
leurs consciences des plaisirs, auxquels
rien sur la terre ne mérite d'être com-
paré.

II.

Qu'est-ce que cette maxime, dans la
bouche d'un Philosophe ? » L'argent,
» d'après les conventions des hommes,

» procuré tous les biens que l'on peut
» defirer ; il n'en eft qu'un feul qu'il ne
» procure point, c'eft d'en fçavoir ufer «?
Quoi ! felon vous , un homme qui a
de l'argent, pourvu feulement qu'il fça-
che en ufer , eft fouverainement heureux ? Eft-ce qu'on peut acheter la Vertu , la Vérité ? Ou bien , eft-ce que fçavoir ufer de l'argent, c'eft connoître
toutes les Vérités ? être doué de toutes
les Vertus ? Un Philofophe doit-il mettre à fi bas prix la Sageffe , la mutiler
de la forte ?

I I I.

Les droits de l'homme fur fon fem-
blable , ne font point fondés uniquement fur le bonheur qu'il lui procure,
ou qu'il lui donne lieu d'efpérer; mais
fur le choix de la fociété, fur l'intérêt
général des Nations, de l'efpéce humaine , des fiécles futurs ; fur l'amour de
l'ordre , fur la Raifon , & fur la volonté
immuable de l'Etre fuprême.

I V.

Le bonheur qu'on nous procure, ne doit jamais être la mesure de nos sentimens pour les autres hommes. Combien de mortels nous seroient indifférens ? La Religion, & la vraie Philosophie toujours de concert avec elle, nous apprennent qu'il n'est point au pouvoir d'un être borné de rendre heureux ses semblables ; & ne nous promettent la félicité, qu'à condition que nous aimerons jusqu'à nos ennemis. Mais la nouvelle *Sagesse* est moins humaine ; quoiqu'elle ne cesse de prêcher l'humanité. Vous me direz, que les Prédicateurs de l'Evangile, ne sont pas toujours ceux qui le pratiquent ? Cela n'est que trop vrai. Du moins ils ne se démentent point dans leurs discours. Mais ce qui me fâche, c'est que nos Philosophes contredisent à chaque instant leurs maximes, en les expliquant. Ils veulent que nous soyons humains, & ils ne con-

noiſſent d'autre meſure de nos ſentimens
que les biens que nous avons reçus, ou
que nous eſpérons recevoir de nos aſſo-
ciés. Une pareille humanité, n'eſt guères étendue !

V.

Là Religion ne promet ſes récompen-
ſes infinies, qu'à ceux qui auront obéi
fidélement à l'ordre immuable : elle ne
menace du malheur éternel que les méchans : elle offre le pardon à ceux qui ſe
corrigent. Philoſophes pleins d'humanité ! aimeriez-vous mieux que Dieu
une fois offenſé, demeurât à jamais in-
fléxible ? Les Loix ici-bas ne pardonnent
point au crime ; parce que les Maîtres
de ce monde, ne peuvent lire dans les
cœurs ; & qu'ils n'ont point la puiſſance
& la ſageſſe infinies dont l'Etre parfait
eſt revêtu. Quoi ? vous ne voulez pas
que Dieu ſoit bon, autant qu'il lui eſt
poſſible de l'être ? Il encourage par-là
les méchans ? Nous apprenons aux en-

fans, que le Juge fuprême, qui promet le pardon aux coupables rentrés dans le devoir, ne leur promet pas le lendemain pour fe repentir. Ainfi l'Evangile bien entendu, ne peut que nous éloigner du vice, fans nous jetter dans le défefpoir. Que des Fanatiques ayent féduit d'autres Fanatiques ; la Religion n'en doit pas répondre. Croyez-vous que la Raifon foit comptable de tous les fophifmes ; qui paroiffent fous le nom de raifonnemens ?

V I.

Quand j'entends dire d'un ton décifif, que la Religion n'eut jamais que l'ignorance pour bafe ; je me demande à moi-même : quel eft donc le Philofophe qui prononce ces oracles ? Quoi ! ce n'eft ni Platon, ni Auguftin, ni Defcartes, ni Malebranche, ni Newton, ni Leibnitz, ni Clarke, ni Gaffendi, ni Polignac, ni Fénélon, ni Nieuwentit ? Eft-ce un Théologien ? Eft-ce Boffuet ?

Non : c'est un homme qui parle de la Religion comme s'il n'avoit jamais sçu le Catéchisme. J'aime mieux croire qu'il ne connoît point l'Evangile, que de penser qu'il le calomnie contre le cri de sa conscience !

V I I.

Oui, » l'erreur est la source de maux » dont la race humaine est affligée. Ce » n'est point la Nature, qui la rendit » malheureuse. Ce n'est point notre Dieu » qui voulut qu'elle vécût dans les lar- » mes «. C'est l'erreur de nos premiers parens ; ce sont nos propres erreurs, & les désordres qui en sont les suites ; qui armerent contre nous la Justice éternelle. Le crime de nos Auteurs, les fit dégrader avec toute leur Postérité. Dieu ne daigne point accorder aux enfans, les bienfaits dont il avoit comblé le Pere, par une pure libéralité. Est-ce cruauté dans un Souverain de priver de la noblesse tous les descendans d'un sujet rebelle, qui mérite d'en être dépouillé ?

Mais pourquoi ces malheurs auxquels nous sommes condamnés indistinctement ? Une faute nécessaire, inévitable, telle que le délit dont nous naissons souillés, mérite-t-elle d'être punie de châtimens si rigoureux ? Que Dieu me retire des graces qui ne me sont point dûes ; je me soumets sans murmurer : mais m'affliger de peines positives, de modifications douloureuses, pour un crime qui n'est nullement libre ?

Je ne veux point examiner, s'il est vrai qu'il n'y ait aucune espéce de liberté dans les enfans, que la Religion regarde comme coupables dès le sein de leurs meres. Je pourrois vous faire voir que cette question n'est pas si facile à résoudre. Remarquez seulement avec moi ; que la Raison ne trouve rien à reprendre dans cette conduite de la Providence que vous critiquez.

Si nous consultons les idées véritables des choses ; nous reconnoîtrons qu'un

E v

Etre jufte ne peut infliger la douleur à
des créatures pour jamais incapables de
mérite & de démérite. Mais quel eft
l'homme qui ne voulût pas acheter de
grands plaifirs, par des travaux fuppor-
tables ? par des peines paffagéres quoiqu'incommodes ? Si Dieu compenfe les
maux par des biens plus grands, ou même égaux, où fera donc l'iniquité ? Or
c'eft ce qu'il fera ; fi nous fouffrons avec
patience, les afflictions auxquelles il ne
juge pas à propos de nous fouftraire,
comme il faifoit nos premiers paréns.
Rien dans tout cela qui ne s'accorde
avec les régles de la plus impartiale juftice. C'eft ainfi que Jefus-Chrift lui-mé-
me a fouffert, quoiqu'innocent. Il n'y
a aucune proportion entre fes fouffrances
& fa gloire. La bonté de notre Dieu,
paroît jufques dans fes vengeances. Vous
voyez que nous ne refufons pas de vous
rendre raifon de notre Foi ?

VIII.

Le Souverain bien n'est point une chimère, & la Philosophie qui l'annonce comme une chose impossible, n'est point faite pour nous rendre heureux. Cependant l'Incrédule est ici conséquent à ses principes. S'il n'y a point de Dieu, il est évident que la félicité suprême est un cercle quarré. Mais nous qui sommes convaincus, que l'Etre parfait éxiste ; que son éxistence triomphe de toutes les hypothèses ; nous reconnoissons que le bonheur n'est point un fantôme sans réalité. En effet un Etre infiniment infini a la puissance & la science nécessaires pour me rendre parfaitement heureux. Sa sagesse n'a point de bornes ; il peut donc me montrer en lui-même toutes les vérités, que je desire invinciblement de connoître. Son pouvoir est illimité ; il peut donc répandre dans mon ame tous les plaisirs que je desire invinciblement de goûter. Enfin Dieu eſt immuable ; il peut donc étendre ma félicité par tous les ſiécles ? Qu'ayez-vous à oppoſer ? Qu'il n'y a point de Dieu ? Ingrat ! Vous démontrez ſon éxiſtence en l'attaquant. Vous êtes : mais rien de fini ne pourroit éxiſter, s'il n'y avoint point d'Etre infini ? Car le néant ſe trouve-t-il aux limites de l'Etre ? Or l'abſence du néant, eſt la préſence d'une réalité. Obſervateurs prétendus de la Nature ! ſi vos expériences étoient vraies, vous ne les euſſiez jamais faites. Vous n'éxiſteriez point !

I X.

La Religion ne décrie point » comme nuiſibles , comme odieux, comme abominables, les objets que nous » deſirons le plus vivement ; elle ne » preſcrit pas de les fuir ; elle ne fait » point main-baſſe indiſtinctement ſur » toutes les paſſions les plus utiles à

» nous-mêmes, & aux êtres avec lef-
» quels nous vivons ; elle ne veut pas
» que l'homme fe rende infenfible, de-
» vienne l'ennemi de lui-même ; fe fé-
» pare de fes femblables ; renonce à
» tout plaifir ; fe refufe le bonheur ;
» en un mot, fe dénature «. Où avez-
vous pris tout cela ? Quel enthoufiafme
chez un Athée ! La Religion veut feulement que, de deux maux nous choi-
fiffions le moindre, & de deux biens
le plus grand. Cela eft Mathématique.

X.

» Aime Dieu de toutes tes forces,
» & tes femblables autant que toi-mê-
» me «. Voilà le grand précepte, qui
ne ceffe de retentir dans nos affem-
blées. La Religion ne nous défend donc
pas d'aimer & de defirer ; à qui pour-
rez-vous le faire accroire ?

XI.

S'il est des heureux sur la terre, c'est parmi ceux qui, contens de leur état & d'eux-mêmes, sont assurés autant qu'on le peut être, de leur sort pour un avenir éternel. L'ignorance de ce qu'on deviendra pendant des siécles infinis, empoisonne tous les plaisirs de cette vie.

§. XVII.

Des Remédes aux maux des Hommes.

I.

L'ERREUR ne peut jamais se trouver dans nos idées. Si ce que je vois, n'é-toit point, je verrois le néant ; & s'il n'étoit point tel que je le vois, je ver-rois en lui des qualités, qui n'y sont point ; ce qui retombe dans la même contradiction. Ainsi les idées ne sont point la source immédiate de nos écarts. Quelle est donc l'origine ? C'est la pré-cipitation à juger de ce que nous ne connoissons point suffisamment. Voilà ce que signifie le mot de préjugé. Quand nos desirs ont pour objet ce qui n'est point, nous courons vers le néant, nous volons après des chimères. Ce qui nous plaît alors, n'a point de réalité ; ce qui nous entraîne n'a point de force ; ce n'eſt rien. Nous courons, nous volons librement : nos jugemens ne ſont point contraints par l'évidence. Il ne ſuffit donc pas d'avoir des idées vraies : mais il faut ſur-tout, que nous ne jugions jamais que d'après nos idées. Il faut que notre conſentement nous ſoit toujours arraché ; il ne faut l'abandonner qu'à cette eſpèce de violence que nous fait la Raiſon. En un mot, il faut s'abſtenir de juger, autant qu'on le peut ſagement. Voilà le remède le plus général à nos maux. C'eſt la vraie *Panacée* philoſophique.

I I.

Nous ne conſeillons point aux hommes de détruire leurs paſſions, mais de les éclairer, mais de changer leurs objets. La lumière, en nous montrant les défauts de ce qui nous avoit enchanté au milieu des ténébres ; nous en donnera de l'horreur. Nous placerons ailleurs nos déſirs. Il eſt ſans doute de notre eſſence d'aimer, Cependant il n'y a

que le souverain bien, qui puiſſe capti-
ver les cœurs pour jamais. Selon vous,
dire à un homme de renoncer à ſes
habitudes ; c'eſt lui commander l'impoſſible : autant vaudroit-il lui dire, de
changer les traits de ſon viſage. Doctrine
conſolante ! qui fait l'homme incorrigi-
ble. Mais on vient à bout de corriger
les bêtes mêmes ! Nous ſommes donc
un peu au-deſſous des Brutes ? Au reſte,
quoi qu'il vous en ſemble ; il n'eſt point
d'homme, à qui ſa propre expérience
n'apprenne, qu'il a vaincu quelques-uns
de ſes penchans. Non, répondez-vous ;
c'eſt qu'il voit les choſes autrement qu'il
ne les voyoit ; c'eſt que de nouvelles
idées, qui ne le frappoient point d'a—
bord, agiſſent maintenant ſur ſon eſprit.
Voilà préciſément ce que nous diſons
nous - mêmes : ſes paſſions ſont plus
éclairées.

I I I.

Les Chrétiens neſ ont point conſiſtez

la perfection , » à jeûner, se macérer ,
» s'abstenir des plaisirs les plus honnê-
» tes, fuir la société, s'infliger mille
» tourmens volontaires , travailler sans
» relâche à contredire la Nature «. Ils
regardent quelques-unes de ces choses,
comme des moyens qui peuvent nous
conduire à la perfection ; pourvu que
la Prudence & la Raison en fassent le
choix, & en réglent la mesure. Mais
sur-tout la Religion & la Nature sont
toujours d'accord. La vérité ne peut
combattre la vérité.

IV.

Qu'il est difficile d'entendre nos Philosophes ! Je serois tenté de croire qu'ils
ne s'entendent pas eux-mêmes. » Les
» Passions sont les vrais contrepoids des
» Passions.... La Raison n'est que l'art
» de choisir les Passions , que nous de-
» vons écouter pour notre propre bon-
» heur ». Mais quel choix pouvons-nous
donc faire , si nous ne sommes que » des

» inftrumens paffifs entre les mains de
» la néceffité «? Laiffez-nous la Raifon ;
ce n'eft qu'un mot vuide de fens dans
vos livres, ainfi que bien d'autres.

V.

» La Religion, dit l'Athée, n'eft
» que l'Art de femer & de nourrir dans
» les ames des mortels, des chimères,
» des illufions, des preftiges, des in-
» certitudes, d'où naiffent des paffions
» funeftes pour eux-mêmes, ainfi que
» pour les autres «. S'il eft vrai, que
vous ayez cette idée de la Religion ; je
ne fuis plus furpris que vous la déteftiez.
Mais plus vous amoncelez les injutes ;
plus je doute de votre fincérité. Rien
de fi furieux que l'impuiffance & la foibleffe.

V I.

La fcience des mœurs n'eft point une
énigme. Elle a fes principes auffi certains & auffi évidens que les axiomes

des Mathématiques. Le livre où font écrites les Loix de notre conduite, eſt la Nature ; non pas cette Nature tronquée, dont nous parle la moderne Philoſophie ; mais la Nature telle qu'elle eſt, l'aſſemblage de tous les êtres, & non la maſſe totale de la Matière. Voilà le livre qu'un Inſtituteur doit ouvrir à ſon Eleve, & le Gouvernement expoſer aux yeux des Citoyens.

On y lira d'abord l'éxiſtence néceſſaire d'un Etre parfait : on y apprendra enſuite que c'eſt par lui que nous ſommes ; qu'il peut influer ſur nous : que l'homme eſt un tout réſultant de matière & d'intelligence : que la penſée appartient à une ſubſtance incorporelle ; quoique très-différente du néant : que nous jouiſſons d'un tréſor inépuiſable d'idées, qui n'ont rien de commun avec l'étendue dont cet Univers eſt compoſé ; que l'union du corps & de l'ame, ne conſiſte que dans des mouvemens d'une part, & de l'autre des penſées ; que la

cauſe qui les produit, agit avec la même facilité ſur la Matière, & ſur les intelligences : que l'homme eſt libre &
maître de ſes actions : qu'il doit les régler, autant qu'il eſt poſſible, ſur l'ordre
immuable & néceſſaire des choſes : &
qu'une éternelle félicité, ſera le prix de
ſon obéiſſance, & de ſa ſoumiſſion.

C'eſt ainſi que nous parviendrons à
connoître nos devoirs, & à les remplir.
Les ſens, l'imagination, les paſſions,
loin de nous détourner de la route du
bonheur; nous aideront à y marcher.
Fidèles à la Raiſon, nous n'aurons plus
rien à redouter des caprices de ſes ri-
vales; nous ſerons forcés d'avouer qu'elles ne ſont point la première cauſe de
nos maux; mais uniquement les erreurs, qui infectent preſque toujours
nos jugemens.

VII.

Nous n'accuſerons point nos Philoſophes de démolir ſans édifier. Non : ils

ne démoliſſent point : les fondemens ſur
leſquels repoſe l'édifice de la Religion
ſont inébranlables. Ils ne nous ont montré juſqu'ici que leur impuiſſance. Les
coups redoublés, qu'ils eſſayent de porter au Chriſtianiſme, ne frappent que
des fantômes. Nos Incrédules reſſem-
blent à ces hommes pris de vin, qui
déchargent leur colère ſur les vents.
Quand je lis vos livres, il me paroît,
que mon amour pour la Religion ſe
nourrit : ſoit que vos blaſphêmes gratuits
m'indignent & me révoltent, & que je
deſire alors de dédommager, s'il étoit
poſſible, l'Etre ſuprême des inſultes de
ſes foibles & ingrates créatures ; ſoit que
la multitude des contradictions, que la
Raiſon voit dans vos ſyſtêmes, devienne
pour moi une démonſtration indirecte
des principes, que vous tâchez vainement d'obſcurcir.

Il eſt vrai que la Philoſophie de nos
jours, bâtit ; mais ſur l'erreur & le menſonge. Or, quelle ſolidité peut avoir

un édifice, qui n'eft appuyé que fur le néant ? Plus il eft grand & vafte, plus fa ruine eft prochaine ; le moindre choc le fera écrouler.

J'aime à entendre un Athée Fataliste, nous exhorter à la vertu ! J'aime à le voir monter en chaire, pour nous dire : que tout eft foumis aux Loix de la néceffité ; que les hommes ne font que des inftrumens paffifs entre fes mains ; qu'en conféquence, il faut que nous foyons vertueux, fi nous voulons devenir parfaitement heureux. J'aime à l'entendre tonner contre le vice, & annoncer aux méchans ; qu'ils ne feront point, à la vérité, punis de leurs défordres dans une vie future ; mais qu'ils les expieront affez dans celleci. Je crois bien qu'un fi beau fermon, doit produire d'excellens fruits ; cependant, j'attends encore quelque chofe de plus de l'Evangile !

§. XVIII.

Origine de nos Idées ſur la Divinité.

I.

S'IL n'éxiſtoit point de mal dans ce monde; l'homme penſeroit moins ſouvent à la Divinité. C'eſt une raiſon qui acheve de juſtifier la Providence, de toutes les miſères qui affligent notre eſpéce. Il ſuffit ſans doute, qu'elle nous dédommage un jour des peines que nous ſouffrons ici-bas, ſouvent peut-être ſans les avoir attirées par nos déſordres. Nous ſommes libres; capables de mérite & de démérite. Je ne vois pas que l'innocent ait à ſe plaindre d'une douleur paſſagère; ſi elle doit être compenſée par des plaiſirs plus grands. Cependant, ne fût-ce que pour réveiller les mortels, la Cauſe ſuprême n'auroit-elle pas eu droit d'envoyer les Maladies ſur la Terre? Quel devoir plus

eſſentiel

essentiel d'un être créé; que de s'occuper quelquefois de son Créateur ? Oui, la douleur est un Moniteur utile, que Dieu a donné au genre humain, pour lui rappeller ses obligations. Mais l'idée de l'Etre parfait, n'est point due pour cela à nos malheurs. L'adversité peut nous exciter à chercher quelque puissant protecteur, qui nous soulage & nous défende : nous aurions beau le chercher ; s'il n'éxistoit point, nous ne le trouverions jamais.

L'idée d'un Etre infini n'est point faite. L'infini n'est pas susceptible de composition ; il est par-tout égal, il est infiniment infini. S'il admettoit des bornes en quelque sens ; s'il étoit, en quelque maniere possible, moindre que lui-même ; sa substance auroit des parties. Elle auroit une moitié, un quart, & ces portions égaleroient leur tout. De-là il résulte, que rien n'est plus simple, plus vaste, plus parfait, que l'infini, & que l'idée qui le représente.

G

Une idée compofée ne peut être l'i-
mage d'une chofe fimple; une idée bornée ne pourroit nous repréfenter l'infiniment infini. Elle n'eft donc point faire,
cette idée : c'eft un éclat de la fubftance
lumineufe de l'Etre néceffaire & parfait.
Nous ne la créons point; mais nous la
trouvons. Elle ne tire point fon origine
de nos malheurs; mais le fentiment de
nos malheurs & de nos befoins, nous
excite à chercher celui qui feul peut nous
rendre fouverainement heureux. Eft-il
rien de plus évident?

Cependant je ne penfe pas fi défavan-
tageufement du genre humain, que nos
Philofophes. Oui, je fuis perfuadé que
quand notre vie couleroit toute entière
parmi les plaifirs & les fleurs ; il fe trouveroit du moins quelques ames recon-
noiffantes qui en chercheroient la four-
ce. Ce ne feroit pas le plus grand nombre, je le veux ; mais dire que tous les
hommes, fans exception, fe nourri-
roient des bienfaits de la Providence,

s'engraisseroient de sa main , sans jamais élever leurs regards jusqu'à cette Mere commune de tous les êtres ; c'est suppo-ser que la *Société* n'est qu'un vil trou-peau.

I I.

Non, ce n'est point à l'ignorance des causes qu'est due la croyance d'un Dieu. Je n'ai pas droit de conclure qu'il éxiste une Divinité, de ce que je ne puis expli-quer tel ou tel phénomène. Nous ado-rons l'Etre suprême, parce que nous sça-vons qu'il est ; & que les effets qui pa-roissent à nos yeux n'auroient aucune cause, si l'on bannissoit de la Nature ce grand & premier Etre. Nous adorons un Dieu, parce que nous voyons qu'il y auroit une manifeste contradiction à soutenir qu'il n'y a point de Dieu, quel-que hypothèse qu'on embrasse pour dé-fendre cette opinion.

Nous sommes persuadés que plus un effet est difficile , admirable ; plus nous

devons avoir une haute idée de la fa-
geſſe & de la puiſſance qui l'ont produit.
Il faut plus d'intelligence pour faire une
monte complette, que pour faire une
ſeule roue. Il faut plus de force pour lever un poids de cent livres, que pour en
remuer un de quatre. Les merveilles de
l'Univers prouvent donc une cauſe d'autant plus parfaite , qu'elles ſont plus
étonnantes. Elles démontreroient en rigueur une cauſe infinie ; ſi elles étoient
infinies.

Mais tout effet du moins démontre
un premier Agent éternel. Or, l'éternité
n'eſt point ſucceſſive. Compoſée d'inſ-
tans réèllement diſtingués ; elle ſeroit
réèllement diviſée en deux portions im-
menſes ; un paſſé ſans commencement,
& un avenir ſans fin. Alors le paſſé égaleroit l'éternité complette , & cependant
l'éternité complette n'eſt point écoulée.
Donc une cauſe, un Etre éternel eſt actuellement & indiviſiblement coétendu
à des eſpaces infinis de durée; il poſ-

séde dans son immuable présent des siécles infinis. Et comment cela ? S'il n'est point infini en substance ? D'ailleurs, le néant siégeroit-il à ses limites, où n'y siégeroit-il pas ? Oui ? Donc le néant est une réalité ? Non ? Donc il y a quelque chose d'ultérieur ? Or ce qui est infini est essentiellement simple & infiniment infini. Donc le moindre effet démontre, non pas immédiatement à la vérité, mais très-solidement l'éxistence de cet Etre parfait que nous adorons ; & que vous, amis de la Sagesse, vous regardez comme une chimère épouvantable. Je prie ce grand Etre de vous pardonner vos blasphêmes !

III.

L'idée de la Divinité n'est affligeante que pour les Superstitieux, ou les Athées. Les premiers se représentent Dieu tel qu'il n'est pas : ceux-ci craignent qu'il n'éxiste malgré leurs sophismes ; ils ne peuvent jamais être pleinement convaincus de

fon inéxiftence. Cela pofé; ils tremblent,
lors même qu'ils eſſayent de raſſurer les
autres. Ils font comme ces meres qui
grondent leurs enfans quand ils ont
peur, & qui ne font pas plus hardies
qu'eux. Mais que l'idée d'un Dieu eft
confolante pour l'homme vertueux! Mon
fort eft entre les mains d'un Etre jufte,
omnifcient, immuable, tout-puiſſant!
Je n'ai rien à craindre de cette infléxi-
ble & hideufe Deftinée; à laquelle l'Incrédule prodigue fes ftériles hommages;
qui confond le jufte avec le méchant!
qui les conferveroit peut-être l'un &
l'autre à des tourmens éternels & toujours nouveaux! Que les coupables fré-
miſſent dant l'attente de l'arrêt fuprême
qui doit décider de leur fort! Qu'ils s'ef-
forcent de fléchir l'Etre bon, tandis qu'il
en eft encore tems! Mais il vaut encore
mieux pour eux qu'ils vivent fous fon
empire que fous les aveugles loix de la
Fatalité. Ils ne feront punis que felon
leurs crimes, felon l'abus plus ou moins

(151)

grand de leur liberté. Au contraire, tout est affreux pour le Fataliste. Il ne sçait s'il cessera d'exister, de souffrir; si l'avenir n'est pas rempli de précipices toujours plus profonds; où la main de la Nécessité le fera tomber tout à tour? Il est donc vrai que *toute consolation est morte pour l'Athée!*

I V.

S'il existe un Etre parfait; vérité que tout concourt à nous démontrer; il est évident qu'il connoît l'avenir, & qu'il gouverne tous les événemens. En effet, il est également l'auteur des substances & de leurs modifications. Une substance ne peut être créée, qui ne soit pas de quelque espéce; revêtue de quelques accidens; destinée à jouir de l'éxistence pour un tems quelconque. Si Dieu ordonnoit qu'un Etre éxistât, sans marquer quel être, sans fixer sous quelle forme, sans décider pendant combien de tems; il est clair que tous les possibles auroient

(152)

le même droit de sortir du néant ; &
conséquemment qu'aucun d'eux n'en
sortiroit (*). Dieu donc produit les substances & leurs modifications réelles &
positives. On ne doit pas en conclure
qu'il est l'auteur des désordres moraux.
Car on sçait que la malice du crime
est une absence, une privation, un pur
néant. Disons seulement qu'il y a une
Providence qui gouverne le monde. Que
m'importe que le Sauvage morde, comme le chien, la pierre qui le blesse ?
Parce qu'il méconnoît Dieu, s'ensuit-il
que Dieu ne soit point ? Je crois la pre-
science divine, parce qu'elle est démontrée. Mais je me mocque, avec vous,
de ceux qui attribuent aux Corbeaux le
don de prophétie !

____

(*) D'ailleurs ; ils n'auroient pas plus de droit
d'éxister pendant mille ans , que pendant un seul instant ; & conséquemment ils ne feroient que paroître
& disparoître.

(153)

V.

Rien de plus frappant que le concert de tous les siécles & de toutes les Na- tions sur le point des sacrifices. Com- ment pouvoit-il tomber dans l'esprit de tous les peuples de la terre d'immoler des animaux à la Divinité? De les brû- ler sur ses Autels? L'universalité d'un tel usage est une des plus fortes preuves que les histoires profanes puissent nous fournir, de la parenté qui régne entre les hommes. Il est difficile de ne pas reconnoître que la société étoit originai- rement renfermée dans une seule fa- mille. Mais d'où nos premiers Auteurs ont-ils appris que la destruction d'une victime innocente appaisoit la colère de l'Etre suprême, irrité contre les méchans? Sur-tout si le coupable choisit lui-même l'objet des vengeances célestes? Ses at- tentats doivent-ils, si l'on consulte la Raison, être réparés par l'immolation d'une créature, qui ne consent pas plus

à son crime qu'à périr sous le couteau &
dans les flammes pour l'expier ? Non ,
sans doute : tout cela révolte les principes. Mais nous voyons dans ces sanglan-
tes cérémonies les annonces d'un sacrifice
plus sublime , seul capable de satisfaire
à la justice de Dieu ; seul raisonnable ,
parce que la victime consent à être of-
ferte , ou plutôt s'offre elle-même volontairement. En un mot, l'Eternel com-
mande à l'homme de faire couler le
sang des animaux brutes & impassibles,
pour lui rappeller sans cesse la mémoire
d'un sang plus pur , qui devoit être un
jour répandu sur tous les crimes des mortels. L'universalité des sacrifices , suppose
la révélation.

V I.

En matière de révélation , la croyance la plus ancienne est toujours la meilleure. Ce n'est pas comme dans les sciences de pure raison , où il est naturel de
penser qu'on peut, dans chaque siécle ,

(155)

faire de nouvelles découvertes. Si Dieu
a parlé, c'est-à-dire, s'il a manifesté ses
volontés ; pour les connoître, je dois
m'adresser à ceux qui en ont été les
premiers dépositaires. Pour sçavoir si un
homme a été envoyé de Dieu ; j'exa-
mine les preuves de sa mission. Mais
lorsque je veux apprendre ce qu'il a dit
de la part de l'Etre suprême ; il faut que
je consulte, autant qu'il est possible,
ceux qui ont vû cet homme, & qui l'ont
entendu. Ainsi, au défaut des mêmes Individus, je consulterai le même corps,
la même société. On sent que par cette
méthode, il est facile d'éviter toutes les
hérésies ; & que ni les Hérétiques, ni
les Incrédules, ne peuvent se glorifier
d'avoir la Raison avec eux.

V I I.

Avec la réfléxion la plus légére, on
découvre aisément qu'il y a un premier
Agent, une Intelligence souveraine, qui
met la matière & toutes ses parties en

mouvement. Il n'y. a point d'effet fans
caufe. Donc il y a une Caufe fupérieure au-deffus de laquelle il eft impoffible de remonter. Elle agit de toute
éternité cette Caufe fuprême. Car quand
auroit - elle commencé d'agir? Seroit-
elle demeurée dans le plus doux repos
pendant des fiécles infinis? Elle ne feroit pas encore éveillée.

Vous ne manquerez pas de me dire,
que, felon nous, le monde n'eft point
éternel, & que cependant il éxifte?
Si une éternité l'a précédé, ajoûterez-
vous, il devroit être encore dans le
néant?

Je réponds que l'éternité n'appartient
point au monde; qu'elle eft hors de lui;
qu'elle lui coéxifte toute entiére; qu'il
eft faux conféquemment qu'elle l'ait
précédé en rigueur. Mais comme le
premier Agent ne peut avoir commencé
d'être; il n'a point non plus commencé
d'agir. L'éternité eft un de fes attributs.
Ainfi tout ce qui eft en lui, eft éter-

nel. Car ſes perfections ne ſont point réellement diſtinguées ; elles ſe confondent dans l'unité de ſa ſubſtance. En un mot, l'éternité eſt une choſe infinie. Elle ne peut être l'appanage des ſubſtances bornées. Donc c'eſt une propriété du premier Etre, de l'Etre parfait.

Il ſuit de-là que la Cauſe ultérieure eſt une Intelligence. En effet ; je conçois très-bien qu'un être qui opere par ſa volonté, peut agir immuablement, éternellement , quoique ſes ouvrages naiſſent & ſe détruiſent dans le tems. Il veut éternellement , immuablement, qu'il éxiſte des êtres nouveaux & changeans. Ainſi ce n'eſt point une cauſe inconnue ; un Agent caché que j'appelle Dieu ; mais je déſigne par-là, le principe éternel de tous les effets qui frappent mes yeux, la ſource primitive de toutes choſes ; dont l'éxiſtence m'eſt auſſi certaine, que celle des fleuves, qui en émanent, & qui la ſuppoſent. *Nos adoramus quod ſcimus.*

VIII.

L'homme a tout divinifé, fes paffions, fes maladies, les aftres, les plan-
tes de fes jardins; donc il n'y a point
de Dieu ? Les Pénitens & les Moines
ont fouvent des vapeurs, qu'ils ont pris
pour des révélations; donc toutes les révélations doivent nous être fufpectes ?
même celles qui ont été prouvées par
des miracles publics & inconteftables ?
Je ne fens pas la liaifon de ces phrafes.

IX.

„Connoiffons-nous, dit l'Incrédule,
„ le méchanifme qui fait que la modi-
„ fication de notre cerveau, que nous
„ nommons volonté, met nos bras en
„ action „? Que voulez-vous dire ? Il
n'y a point de rapport entre une *volonté & un cerveau*. Vous prétendez
que votre Nature ou la Matière, peut,
fans le fecours de Dieu, faire des chofes incompréhenfibles. Et moi je fou-

(159)

tiens que cette Matière, à qui vous
donnez tant d'inſtrumens pour agir ,
n'eſt qu'une pareſſeuſe qui ne s'en ſert
pas.

X.

L'homme a pu s'imaginer que tout
eſt fait pour lui ſeul. Mais la vraie Philoſophie, mais la Religion réforment
bien ſes idées , lorſqu'elles lui apprennent qu'il eſt lui-même fait pour Dieu !

XI.

Dieu n'interrompt que le moins qu'il
eſt poſſible la marche de l'Univers. Il ſe
doit à lui - même d'être conſtant , à
moins qu'il ne tire plus de gloire d'une
exception paſſagere aux régles qu'il s'eſt
preſcrites. On peut donc s'adreſſer à lui
dans les calamités publiques. Les vœux
& les larmes de tout un peuple , qui
l'appelle à ſon ſecours, qui l'invoque au
nom de ſon Fils , lui fourniſſent quelquefois des raiſons ſuffiſantes : alors ſon

immutabilité céde à ſes autres attributs.
Mais il eſt vrai que ce ſeroit un ſpecta-
cle ridicule, qu'une foule d'Athées qui
imploreroient à grands cris le ſecours
de la Deſtinée. Ils ne prient jamais
ſans doute, & ils ne s'en trouvent pas
mieux !

XII.

Les biens que la Religion demande
principalement à l'Etre ſuprême, ſont
ceux qu'il peut nous accorder ſans troubler l'ordre des choſes, ſans manquer,
en quelque ſorte, à ſon immutabilité,
ni à aucuns de ſes attributs. C'eſt la
poſſeſſion de la vérité, de l'infini, qui
ſe communique ſans ſe partager, à toutes les intelligences qui le deſirent. La
pluie qui fertiliſeroit mon champ, dé-
truiroit ſouvent les moiſſons de mon
voiſin. Mais en demandant à Dieu le
ſouverain bonheur; je ne fais tort à perſonne; tous peuvent en jouir comme
moi, & en même tems que moi. Ainſi

les biens qui font le premier objet de
nos vœux, ne produifent ni divifions,
ni jaloufies. Du refte, nous ne recher-
chons ceux de ce monde, qu'autant
qu'ils peuvent nous mettre à portée
d'obtenir la félicité fuprême, ou de
mieux fervir la fociété.

XIII.

Nous ne regardons point comme des
miracles tous les effets extraordinaires.
Nous ne reconnoiffons la puiffance de
la Divinité, fa volonté marquée, que
dans les œuvres que nous ne pouvons
raifonnablement attribuer qu'à Dieu
feul. Il eft évident qu'un effet infini,
s'il éxiftoit, annonceroit immédiatement un Agent infini. Donc, plus une
chofe éxige de fageffe & d'énergie dans
la caufe qui l'a produite ; plus nous
devons chercher cette caufe près de la
Divinité. Ainfi lorfque je vois des faits
étonnans, inufités, dont je ne trouve
aucune raifon fuffifante dans les créa-

tures ; fi d'ailleurs ces faits font notoires , inconteftables , multipliés ; s'ils
tendent à la même fin ; fi cette fin encore m'eft atteftée par ceux au gré def-
quels ces prodiges s'operent ; je prétends qu'alors je dois juger que c'eft
Dieu qui en eft l'auteur. Si je compare
les preuves avec la volonté divine qu'elles indiquent, je les trouverai irréfiftibles. Les ordres de l'Etre infini méritent un refpect infini , & la crainte de
lui défobéir ajoûtera un poids immenfe
à mes motifs , qui les rendra équivalens
aux démonftrations géométriques.

Mais , direz-vous , je ne connois pas
parfaitement l'énergie de la Matière : il
viendra peut-être un tems où tout ce
que vous appellez miracles s'expliquera
facilement par les fimples loix de la Phyfique.

Je ne crains pas que ce temps arrive
jamais. Vous ; attendez qu'il arrive, &
vous aurez peut-être droit alors de faire
le Sceptique.

En effet, je soutiens que quand même vous parviendriez enfin à expliquer les miracles, sans recourir à la puissance du souverain Etre, vous ne seriez guères plus avancé. Il sera toujours vrai que ces événemens prodigieux auront coéxisté à la prédication des Apôtres, des Prophétes ; en un mot à la publication d'une doctrine concernant la Divinité. Ce n'est pas tout : il demeurera certain que ces faits ne sont arrivés que dans les pays où s'annonçoit actuellement la révélation, dans les villes, dans les rues, dans les maisons où se trouvoient actuellement ceux qui se disoient envoyés de Dieu. Il sera toujours constant que ces œuvres merveilleuses ont été réitérées un nombre presque infini de fois, & accompagnées des mêmes circonstances. D'après ces principes, voici ce que je vous oppose.

Tous les phénomènes dont il s'agit ont, je vous l'accorde, leur source dans les Loix de l'Univers. Mais pourquoi font-ils arrivés dans certains tems, dans certains païs exclufivement? Pourquoi feulement quand on enfeignoit une certaine doctrine ? Comment les hommes qui les ont donnés pour preuves de leur miffion, pouvoient-ils prévoir le lieu, l'inftant, la manière de ces événemens? Il y auroit donc lieu de croire jufques dans cette fuppofition, que Dieu a voulu nous convaincre par ces moyens de la vérité de notre Religion? Or je le répéte : la défobéiffance à un Etre infini eft infiniment criminelle. Je me retrouve donc encore dans la néceffité de me foumettre à l'Evangile.

Mais vos hypothèfes font purement gratuites. Qui vous a dit qu'il n'eft pas abfolument impoffible de déduire des loix phyfiques les phénomènes miraculeux ? Etes-vous bien affuré que cela foit poffible ? Et fur quels principes ? Vous ne devez point fuppofer une chofe qui ne vous eft point démontrée. Vous êtes dans l'ignorance à cet égard. Ainfi, laiffons ces chimères , ces *peut-être* qui ne font appuyés fur aucune raifon , & revenons-en à la vérité.

Je ne vois rien dans la Matière qui m'annonce une énergie capable d'opérer les faits que l'on appelle miraculeux. Au contraire, je reconnois à la lumière de l'évidence que l'Etre fuprême a un pouvoir auquel rien ne peut réfifter. Mille circonftances m'invitent à croire que c'eft lui , qui eft l'Auteur de ces prodiges. Donc, dans la néceffité de prendre mon parti , fi je crains infiniment de lui manquer de refpect ; je me déciderai à regarder ces effets comme des preuves fuffifantes de fa volonté.

X I V.

L'ignorance de la Nature empêcha l'homme de s'élever jufqu'au Créateur. Il multiplia la Divinité, & par-là détruifit fon effence infinie. Enfin on rompit le voile qui enveloppoit à nos yeux

la Nature ; on vit la source éternelle &
féconde de tout ce qui éxiste. On recon-
nut que le Juif, dans les premiers tems,
& ensuite le Chrétien, étoient les seuls
véritables Philosophes. On admira la
bonté du grand Etre, qui avoit daigné
se manifester aux Auteurs du genre humain, afin qu'au milieu des ténébres,
qui devoient se répandre sur toute la face
de la Terre, les mortels pussent jouir
du flambeau de la Foi. On se reprocha
l'oubli où l'on avoit vécu de la Divinité. On prit l'essor ; on s'éleva jusqu'au
trône du souverain Etre, sur les aîles de
la Méditation : on contempla ses perfections immenses & innombrables ; on les
admira dans tous ses ouvrages : on ne
trouva plus dans le monde que des défauts qui pouvoient se rencontrer dans
le plan le plus digne de Dieu : les désordres moraux qui défigurent l'Univers,
ne scandaliserent plus le sage : il en découvrit la raison dans la liberté de l'homme, dans l'immutabilité du Créateur

& fon infinité : la Religion Chrétienne
en lui montrant le fang d'un homme-
Dieu, qu'il verfe librement, pour effa-
cer nos crimes, acheva de le tranquil-
lifer. Il découvrit dans l'ouvrage divin
ainfi réparé, des beautés qu'il n'eût jamais offert à fes regards dans un autre
fyftême : la bonté du premier Etre, fa
juftice, fa clémence, fa fainteté, fon
immutabilité, fon omnifcience, fa puiffance, fon infinité ; brillerent à fes yeux
dans le plus beau jour : le monde divinifé en quelque forte par la préfence
de Jefus-Chrift, ne laffa plus l'admira-
tion. Aujourd'hui, on veut nous dérober
ce magnifique fpectacle ; & pour nous
dédommager, on nous montre des chaînes, des entraves, toutes les nations
dans l'impuiffance & le défefpoir, aux
pieds d'un tyran aveugle & fourd, qu'on
appelle Néceffité !

§. XIX.

De la Théologie, & de la Mythologie.

I.

POURQUOI mêlez - vous ainsi les noms de Mythologie, de Théologie, de Moyse, de Numa, des Mahométans & des Chrétiens ? Quoi ? vous ne le voyez pas ? Hé ! c'est afin qu'on s'accoutume à les confondre. Croyez-vous que des oreilles moins délicates, s'apperçoivent toujours de la diffonance ?

I I.

» Le Sauvage se fait un Dieu particulier de tout objet physique, qu'il » suppose être la cause des événemens » qui l'intéressent «. Donc les élémens furent les premieres Divinités des hommes ? Dites donc au moins des hommes sauvages ?

III.

III.

Je ne demande pas, si les Nations que nous voyons aujourd'hui rassemblées, ont pu être dispersées dans l'origine. Il est inutile de vous arrêter à me prouver que cela est possible absolument. Je cherche ce qui est; & non ce qui peut être sans que les essences des choses éprouvent aucune violence. Or je trouve que les hommes sont tous sortis d'un même pere & d'une même mere, que Dieu avoit formés d'abord. C'est ce que je lis dans des monumens authentiques; puisque ni vous, ni personne ne sçauroit élever aucun doute raisonnable contre la sincérité de nos Ecritures. Cela vaut bien la généalogie que vous nous accordez dans votre systême; où vous nous faites naître des combinaisons aveugles de la Matière : à peu près comme, selon nos vieux Naturalistes, les insectes sortoient d'un Cadavre.

H

I V.

» Il y eut, peut-être, de toute éter
» nité des hommes fur la terre : mais ei
» différens périodes ; ils furent anéantis
» ainfi que leurs monumens & leur
» fciences «. Il eft jufte d'ufer de *peut
être* , lorfqu'on ne fçauroit prouver ce
qu'on avance. Et moi je ne crains pas
de me hafarder beaucoup, en affurant
qu'il n'y a jamais eu jufqu'ici , & que
jamais il n'y aura par la fuite, un nombre infini de générations. En effet, une
infinité de générations qui auroient occupé la terre fucceffivement, quelque
abrégé qu'eût été leur féjour fur ce globe, y feroient demeurées un certain
tems. Or , une fomme infinie de fiécles, d'années , de mois, de jours,
d'heures, de minutes même, égalent
l'éternité complette. Donc fi la génération qui couvre préfentement notre
planette, eût été précédée d'une infinité
d'autres générations, nous ne ferions pas

encore inſtallés à la place de nos Ancê-
tres. Ne préférons donc plus des *peut-
être* à l'évidence ! Ne rougiſſons plus de
regarder Dieu comme notre premier
Pere. Retournons à l'hiſtoire du genre
humain, qui ſeule s'accorde avec la
Raiſon.

V.

Il y a eu un déluge. Cet é vénemen
étoit-il une ſuite des Loix Phyſiques ?
La Foi nous permet de délibérer, de
nous ſéparer même de ſentimens ſur
cette queſtion. Le miracle du déluge ne
conſiſte peut-être que dans la coïnci-
dence de cette cataſtrophe, avec la cor-
ruption univerſelle des mœurs. Il y a
encore quelque choſe de plus. Ce déluge n'eſt arrivé qu'après avoir été pré-
dit, & dans le tems précis, où Dieu
avoit annoncé qu'il puniroit les crimes
des hommes. Dieu n'a-t-il pas droit de
ſe ſervir des cauſes ſecondes, dans l'exé-
cution de ſes deſſeins?

H ij

V I.

Quels efforts d'esprit l'on est obligé
de faire, pour suivre nos Philosophes !
Tantôt, ils nous défendent de consulter l'antiquité sur les matières de la Religion ; parce que le Genre Humain devoit être moins éclairé dans son enfance, qu'il ne l'est aujourd'hui. Tantôt ils
prétendent que toute l'antiquité Payenne
adoroit le Dieu qu'ils nous annoncent ; c'est-à-dire, la Matière. Ils nous
expliquent la Fable conformément à leur
système : comme si nous ne pouvions
pas y trouver nous-mêmes notre croyance, à l'aide de l'allégorie. Je suis persuadé
qu'ils découvriront bien-tôt le Panthéis-
me dans l'Evangile !

V I I.

Il n'y a point d'effet sans cause ; &
la Matière ne nous offrant aucune énergie qui paroisse évidemment lui appartenir ; il est juste de ne lui en attribuer

aucune. Un peu d'attention fuffit pour reconnoître que toute caufe eft une réalité. De-là, il fort une conféquence infaillible ; c'eft que l'idée de caufe n'eft point l'idée que nous avons de la Matière. Autrement je ne douterois pas un inftant que la Matière ne fût la Caufe univerfelle ; puifque la différence ne réfideroit que fur les mots. Qu'on me demande fi la Matière eft la Caufe univerfelle ? Quand je voudrai parler fincérement ; j'avouerai, que je ne le vois point. Qu'on me demande, fi la caufe univerfelle, fi toutes les caufes poffibles font des réalités ? Je répondrai que j'en fuis certain. Pourquoi cela ? fi l'idée d'être n'eft pas plus étendue que l'idée de corps ?

VIII.

Comment peut-on regarder la Réalité fuprême, l'Etre infiniment infini, comme une chimère & un néant ? Comment peut-on foutenir que fon idée eft une fiction de nos efprits ? Ne voyons-nous pas évidemment, que si cette substance toute parfaite éxiste ; elle est simple, absolument indivisible ? Ne sentons-nous pas, que si elle étoit composée ; la partie égaleroit le tout ? La moitié, ou le quart de l'infini, n'est-ce pas l'infini lui-même ? Donc l'idée que nous avons de cette suprême réalité est simple & indivisible elle-même ? Elle n'est point conséquemment une fiction de nos esprits. Si l'Etre sans bornes, & son idée, étoient de purs néants ; que seroient les êtres finis & leurs idées ? Quelque chose de moins sans doute ?

IX.

La Matière éxiste : elle existe par la puissance de la cause suprême ; elle éxiste distinguée de cette cause : car je conçois cette cause comme une réalité ; & toutefois, je ne vois point que ce soit la Matière elle-même. Je ne douterai jamais qu'un quarré n'ait quatre angles : mais je suis nécessité à douter pour le moins, que la Matière ait aucune énergie. C'eſt donc, encore une fois, que l'idée de cauſe n'eſt point l'idée de la Matière.

X.

Les bons Théologiens ne furént, ni ne ſeront jamais Anthropomorphites. La figure humaine n'eſt point compatible avec l'infinité. Nos paſſions ne ſe trouvent point dans l'Etre parfait : notre intelligence n'eſt ni le modèle, ni l'image éxacte de l'Eſprit éternel. En un mot, l'homme eſt borné, & Dieu eſt infiniment infini, poſſede dans ſon eſſence tous les tréſors de l'Etre. Comment donc l'homme pourroit-il renfermer même en petit toutes les divines perfections ? Il n'en eſt pas de Dieu comme de nous : on ne ſçauroit le tirer en miniature.

X I.

J'attribue à Dieu l'intelligence, la bonté, la juſtice, la puiſſance, parce que ce ſont-là autant de réalités poſitives ; & que dans l'Etre ſuprême, il eſt

évident que toute réalité s'y trouve sans
limitation, sans composition, sans néant
en un mot. L'Infini est en tout sens égal
à lui-même. Voilà ce qui exclut de sa
substance les créatures, les choses bornées, les négations. Mais les perfections
des créatures sont des réalités positives.
Et c'est pour cela que nous disons qu'il
y a en Dieu des perfections analogues à
celles-là ; autant que des choses qui n'ont
point de bornes, peuvent être analogues
à des choses de même espéce, mais qui
sont bornées. En effet, l'Etre suprême
doit être infini en tout genre de réalité,
sans cependant cesser d'être simple. Il y
a contradiction ; que ce qui est infini, soit
jamais un résultat de parties, entre les-
quelles il régne une véritable & substan-
tielle différence.

J'attribue l'intelligence, la bonté,
la justice, la puissance à la Divinité ;
parce que je vois des effets, & qu'il
n'y a point d'effets sans cause ; parce
que les effets n'étant point infinis en

fucceſſion , il eſt néceſſaire d'admettre
une cauſe éternelle & agiſſante de toute
éternité ; parce que je ne conçois pas
que des effets qui éxiſtent dans le tems,
puiſſent avoir une cauſe éternelle , ſi
cette cauſe n'eſt intelligente ; parce que
la ſtructure de l'Univers , l'arrangement
de ſes parties , m'annoncent un deſſein ;
parce que l'ordre phyſique n'eſt point
forcé par la contradiction de tout autre
ſyſtême que le ſyſtême actuel ; parce
que je ne puis croire , que des mouvemens aveugles , que les combinaiſons
imprudentes de la Matière , ayent formé
tant d'eſpéces organiſées , tant de machines merveilleuſes , dont les reſſorts
ſe dérobent , pour la plûpart , à la ſagacité des plus habiles Philoſophes ;
parce que je reconnois par - tout les
traces reſpectables d'une tendre Providence ; qui a préparé à ſes enfans le
néceſſaire , qui leur fournit l'utile , qui
ne leur refuſe pas l'agréable ; parce que
j'éprouve auſſi des douleurs , & que

mes senfations pénibles font ordinairement le fruit de quelques excès.

Ce n'eft donc pas d'après l'homme
que nous avons travaillé l'idée d'un Etre
fuprême & parfait : & le nom d'Anthropomorphites qu'on nous donne, n'eft
qu'une injure en Grec !

XII.

Quand je foutiens que l'Etre parfait
n'a point de bornes ; je ne veux pas
dire par-là qu'il a des bornes, mais
que je ne fçais pas précifément où elles
font. Je fuis certain qu'une ligne infinie,
fi elle éxiftoit , auroit néceffairement
deux moitiés , dont chacune feroit égale
à la toute. Ce n'eft pas d'une ligne, dont
je ne verrois pas le bout, que j'affure
cette vérité ; mais d'une ligne qui ef-
fectivement n'auroit point de bout. Autre chofe eft donc l'éternité, l'immenfité, la réalité fans limites ; autre chofe
une fubftance dont je ne connois pas les
limites. Ce que je dis de l'Infini, ne

fçauroit jamais convenir à des réalités finies; soit que je découvre leurs bornes ; soit que je n'ose les fixer. D'où je conclus, que nous avons une idée véritable & positive de l'Infini.

X I I I.

Le dogme de l'unité de Dieu, n'est point une suite de l'opinion qui le regarda comme l'ame du monde. L'unité de l'Etre parfait, dérive immédiatement de son infinité. En effet deux infinis de même genre se détruisent : à plus forte raison, deux infinis en tout genre, ou deux infiniment infinis.

Si l'on multiplie l'infini par deux, par trois, par quatre ; le produit de cette opération, doit être le même que celui qui naîtroit de la multiplication de deux, trois, quatre, par l'Infini. Or ce produit n'est qu'un infini.

Des infinis semblables qui coéxisteroient, pourroient être considérés comme des moitiés, des tiers, des quarts

de la somme qui réfulteroit de leur
affemblage. Or la moitié, le tiers, le
quart d'une réalité immenfe, eſt égale
à fon tout. C'eſt donc fuppofer une abfurdité que d'admettre plufieurs Dieux.

Quelqu'un demandera, s'il eſt abfurde auffi d'en admettre une infinité?
Oui, fans doute : diftingués réellement
les uns des autres, ils formeroient un
tout compofé d'une infinité de parties
infinies; dont la moitié feroit égale à
lui-même. C'eſt ainfi que la vérité fe
foutient, qu'elle fait face à l'erreur,
de quelque côté que celle-ci dreffe fes
attaques.

L'uniformité & la généralité des
Loix qui régiffent le monde phyfique,
le concours de toutes fes parties à la
même fin, font des preuves plus fenfibles & plus palpables de l'unité de fon
Auteur. Mais fi Dieu étoit l'ame du
monde; je n'en concluerois pas avec la
même certitude, qu'il n'y a qu'un Dieu.
La Fable nous parle d'un Géant à trois

corps ; j'aurois bien-tôt imaginé un
monde à vingt ames.

X I V.

De prétendus Philosophes ont eu recours à deux principes , l'un bon &
l'autre mauvais ; pour expliquer l'origine
du bien & du mal, qu'ils voyoient dans
le monde. Cela ne prouve point qu'on
ne puisse l'expliquer sous le régne de
l'Etre parfait.

Dieu se proposoit un plan digne de
lui : la liberté de l'homme entroit dans
ce plan. Si l'homme n'eût point abusé
de sa liberté ; l'ouvrage du Créateur eût
exprimé sa premiere idée ; l'Etre suprême eût été glorifié, & nous eussions
été heureux. Au contraire, si l'homme
se révoltoit contre Dieu , ses crimes
devoient être effacés par le sacrifice vo-
lontaire d'une victime infinie. De quoi
vous plaignez-vous ? Exigez-vous que
le Créateur régle ses démarches uniquement sur les caprices de l'homme ; que

parce qu'il prévoit que l'homme usera
mal de sa liberté , il change son plan ;
quoique sa gloire demeure hors d'attein-
te , & que les foibles mortels ne puif-
fent rien contre Dieu ? J'admire l'Etre
infini , qui va immuablement à sa fin ;
qui montre à ses créatures toute la bonté
possible , sans manquer jamais pour elles
à ses attributs.

X V.

Les Intelligences tutélaires que la
Religion nous repréfente comme chargées de veiller fur les Nations , ou fur
les Individus de l'efpéce humaine , ne
font point des Dieux : ce ne font que
des caufes fecondes , qui peuvent nous
obtenir par leurs priéres , les faveurs de
la suprême & unique Divinité qu'elles
adorent avec nous.

X V I.

Que l'homme foit libre ; ce n'eft point
un fyftême : c'eft une vérité établie fur

le sens intime , sur l'éxistence nécessaire
d'un Dieu juste & bon. Toutefois, il
ne faut pas s'imaginer que nous ayons
le pouvoir de lutter contre le Très-
Haut. Si nous refusons de nous soumettre aux Loix de sa bonté ; nous serons
forcés de porter éternellement le joug
de sa justice. Vous avez lu les combats
de Jehovah & de Satan ? C'est dans
Milton sans doute ? Mais , où avez-
vous pris que cet Ange superbe ait plus
d'adhérens que l'Eternel ? Quel est le
Théologien audacieux qui a compté tous
les Mondes qui ont existé, peut-être ,
qui éxistent , ou qui éxisteront ? Qui
a calculé mathématiquement le nombre
des Créatures vertueuses ou méchantes ?
Qui a pénétré les secrets que l'Etre suprême tient cachés dans son cœur ?

X V I I.

C'est une question qui me paroît
bien difficile à résoudre , que celle

íçavoir ; ſi jamais un ſeul homme, excepté quelques-uns , dont la ſainteté
nous a été révélée par le ſcrutateur des
cœurs, a ſouffert ſur la terre plus qu'il
n'avoit mérité. Ces perſonnes, que nous
appellons vertueuſes , n'ont – elles pas
quelquefois des taches ſecrettes , qui
échappent aux regards des mortels ?
Pourquoi donc répéter ſans ceſſe, que
les larmes & la douleur ſont ici-bas le
partage de l'innocence ? Au reſte, quand
cela ſeroit démontré, nous en devrions
tirer le Corollaire : *qu'il y a pour les
gens de bien quelque choſe après la
mort.*

X V I I I.

Offenſer qui que ce ſoit, eſt un mal.
Offenſer un être plus parfait que nous ;
eſt une faute plus grande , que de
manquer à notre égal. Donc offenſer
'Etre ſuprême & infini, eſt un crime
dont la malice ne peut ſe meſurer.

Toute réalité mérite de l'eſtime ; le

néant seul est méprisable. Ainsi une réalité sans bornes mérite une estime infinie; & nous tombons dans le plus affreux désordre, lorsque nous lui refusons nos hommages.

Cependant nos révoltes ne rendent point la Divinité plus malheureuse. Ce n'est point par un sentiment de vengeance, qu'elle punit : c'est pour conserver ou rétablir l'ordre dans ses ouvrages. L'ordre éxige qu'un coupable soit puni en raison de la dépravation de sa volonté, & non sur la mesure du mal physique qu'il opere.

XIX.

N'accusons jamais la Providence. Nous sçavons que Dieu est juste & sage. Nous en sommes aussi certains, que nous sommes assurés qu'il éxiste. Pleins de cette idée, adorons les divins decrets, & plaignons ceux qui voyent l'Etre suprême sous les traits d'un Despote impitoyable.

X X.

Dieu a prédeftiné fes Elus , fans aucun mérite de leur part ; mais il ne réprouve point gratuitement les méchans. Le choix des premiers n'eft pas aveugle ; il eft fondé fur les régles immuables de la *Sageffe* , combinées avec celles de la *Bonté* : le châtiment des derniers n'eft pas injufte ; il eft exactement mefuré fur leurs crimes.

X X I.

Il ne faut pas s'étonner que celui qui blafphême Dieu , parle infolemment des Princes de la Terre.

X X I I.

Dieu veut conftamment le bien ; il defire fincérement que fes créatures foient heureufes ; & s'il les punit, c'eft qu'il aime l'ordre plus qu'il ne chérit les méchans. Mais celui qui obéit fidélement aux Loix de la vertu , n'a rien

à redouter de la part du souverain Juge?
Il est infiniment plus facile aux Astres de
s'éteindre ; à l'Univers entier de retourner dans le néant ; qu'à l'Etre parfait
de cesser d'être juste. Quand les vérités
nécessaires ne seront plus que des men-
songes ; quand la même réalité pourra
éxister & ne point éxister dans le même
tems ; alors l'équité ne se comptera plus
parmi les perfections d'une substance,
qui posséde toutes les perfections.

§. XX.

Les Dogmes révélés ne contredisent point la Raison.

I.

L'Auteur de la Religion, est la vérité par essence, la sagesse éternelle, immuable, nécessaire. Le Christianisme est donc la bonne Philosophie: & des Théologiens qui prétendroient que la Foi contredit quelquefois la Raison, ne seroient pas, à coup sûr, les lumières de l'Eglise !

I I.

Jamais on ne défendit au Chrétien de raisonner. La seule chose que nous demandons ; c'est qu'on prenne pour régle de sa croyance en matière révélée, l'autorité divine démontrée incontestablement. L'existence de la révélation doit être prouvée par la Raison.

Mais une fois établie , il y a sur la terre des témoins de la doctrine , qui la transmettent pure à leurs successeurs. Ainsi les siécles divers peuvent s'instruire des vérités que Dieu a voulu faire connoître à tous les hommes sans exception. Dieu a-t-il parlé ? J'en suis certain par les miracles. Comment suis-je assuré de l'éxistence des miracles ? Par le té-moignage irréprochable de ceux qui ont donné leur vie pour les certifier : par la conviction des peuples qui vivent autour de moi ; qui me les ra-content ; qui me les montrent consi-gnés dans des monumens publics ; qui , en conséquence, professent une morale pénible (*). Tous les hommes ont na-turellement droit de passer pour sincè-res ; l'imposture ne doit jamais se pré-sumer. Mais quelles sont les vérités qui nous ont été annoncées de la part de l'Etre suprême ? Voilà encore une ques-

______

(*) Pensées Anti-Philosophiques.

tion de fait. J'ai pour la réfoudre, le témoignage infaillible de l'Eglife univerfelle. Le corps fubfiftant qui a reçu le dépôt de ces vérités, le conferve fidélement. Je ne puis mieux faire dans un point de fait, que de compter les voix des témoins.

Tout Chrétien peut donc raifonner ; pourvu qu'il raifonne de bonne-foi, qu'il fe défie des paffions, de l'imagination, des fens même quelquefois, & qu'il croye ce qui eft fondé fur la véracité divine ; quand il ne fçauroit pas toujours l'expliquer. Il fuffit qu'il ne voye point dans le dogme qu'on lui propofe, de manifefte contradiction ; & qu'il ait d'ailleurs pour garant l'Etre fuprême.

Que dirai-je encore? Nous ne défendons pas aux Sçavans de méditer fur les Myftères les plus fublimes, s'ils ont autant de modeftie & de fincérité, que de fagacité & de pénétration. Cependant le Myftère de la Trinité, ou tel

autre qu'il vous plaira, fuppofé qu'on
parvînt à l'éclaircir, ne devroit point
être cru feulement comme une vérité
Mathématique. Outre le motif de l'é-
vidence, nous ferions toujours obligés
de l'adorer fur l'autorité de la révélation.
Autrement nous ne ferions que des Philofophes : & quoique dignes peut-être
de ce nom, nous ne mériterions pas celui de Chrétiens.

III.

Notre Dieu ne paroît jamais fi grand,
fi aimable, que lorfqu'il eft vu de près.
La connoiffance de fes auguftes attributs
eft l'unique fcience, capable de fatis-
faire pleinement nos efprits. On ne blafphême l'Etre parfait, que lorfqu'on n'a
point étudié fon effence. Les Démons
mêmes font forcés d'avouer qu'il eft
exempt des défauts & des vices, que
nous haïffons dans les êtres bornés : ils
conviennent malgré eux, que l'Etre parfait eft l'Etre parfait.

I V.

En vain l'homme eût essayé de se former l'idée de la réalité suprême; si elle ne jouissoit pas de l'éxistence. Comment avec des matiériaux finis, construire une idée infinie ? Comment en ajoûtant des nombres limités, élever le total à une somme illimitée ? En ajoûtant de pareils nombres pendant une éternité ? Mais ne voyez-vous pas que j'ignore ce que c'est que l'éternité, si je ne connois pas déja l'infini ? L'éternité n'est-elle pas une durée sans bornes ? Comment parviendrai-je, par la voie de la multiplication, à un produit immense ; si je n'ai pour multiplicateur & pour multiplicande que des quantités bornées ? Mais comment réussirai-je à me donner l'idée de l'infiniment infini, idée que j'ai dans le fait ? Car je sçais que l'infini actuel, ne sçauroit être composé de parties : qu'il est conséquemment égal en tout sens à lui – même ;

qu'il

qu'il eſt en tout ſens infini? Cependant pour raiſonner de cet Etre, il faut que je le connoiſſe. Je ne puis le connoître, s'il n'éxiſte point. Une réalité compoſée ou bornée, ne me repréſentera jamais rien de ſimple ni d'infini. Avec quels crayons, avec quelles couleurs, veut-on donc que nous ayons deſſiné ce tableau, ſi nous en ſommes les Peintres; & ſur quel modèle?

V.

» Hobbes dit que tout ce que nous » imaginons eſt fini, & qu'ainſi le mot » *Infini* ne peut former aucune idée ni » aucune notion «. Eſt-ce que nous n'avons d'autre faculté, que celle d'imaginer?

VI.

L'Etre ſans bornes exclud de ſon eſſence toute négation: donc il n'eſt point un être négatif! Il eſt trés-diſtingué des Créatures: car les Créatures ren-

fermant elle-mêmes des négations ; elles en porteroient dans le fein de ce
fouverain. Etre. S'il étoit compofé des
diverfes fubftances qui éxiftent ; il ne
feroit point en toutes maniéres parfait &
infini.

VII.

Il femble que Sherlock a cru rendre
fervice à la Religion , en décriant la
raifon humaine. C'eft un travers. La
Vérité ne peut jamais être contraire à la
vérité : ou , fi vous voulez , il eft impoffible que la même chofe foit & ne
foit pas dans le même tems.

VIII.

Ne nous étonnons point que dans
la fubftance de l'Etre parfait , tout foit
infinité , omnifcience , ordre , bonté ,
puiffance fans bornes : l'idée la plus
éxacte que nous ayons de l'unité , &
l'idée de l'infiniment Infini. Sa fubftance eft par-tout égale à elle-même

Si j'ose parler ainsi ; tous les points y
sont aussi grands que le Tout. Et quand ,
par l'imagination , vous le supposeriez
partagé en deux ; vous retrouveriez deux
Etres dont chacun seroit aussi parfait
que le premier , & que les deux pris
ensemble. Ainsi la Raison vous démon-
trant l'incompatibilité de ces deux Etres ;
vous concluriez que la division n'étoit
qu'illusoire. Or , je prétends que les
réalités bornées ne vous offrent point
d'unité si rigoureuse. Donc c'est précisément l'infinité des divines perfections,
en nombre & en grandeur , qui démontre aux esprits attentifs , que Dieu
est une substance simple ; & que nul de
ses attributs n'est distingué des autres
réellement.

I X.

Des Philosophes du dix-huitiéme siécle entreprennent de me convaincre ,
que Dieu ne pense pas, ne veut point,
n'est pas susceptible des qualités , des

vertus, dont nous trouvons en nous
mêmes une légère image. Et quelle
preuves m'apportent-ils d'une affertio
fi étrange ? C'eft, difent-ils, que, felo
nous, Dieu eft immatériel ! Il ne peu
mouvoir la matière, continuent - ils
puifqu'il eft un pur efprit. Il n'eft poin
immenfe ; puifque la matiére lui difput
une partie de l'efpace. Il n'eft point immuable , puifqu'il produit les changemens continuels que nous voyons dan
le monde. Il n'eft point tout-puiffant ,
puifqu'il ne peut empêcher le mal qui
lui déplaît. Il jouit néanmoins , fi l'on
en croit les Chrétiens , de tous ces attributs. D'où l'on voit que Dieu eft un
Etre contradiÉtoire ?

Nous fommes perfuadés qu'un Etre
peut penfer , fans être revêtu d'organes
corporels. Nous montrons même que la
Matière eft incapable de connoiffance
& d'amour : parce que nous voyons
toujours en elle , & dans tout ce qui
lui appartient, des relations avec les

différens points de l'efpace ; & que nous
n'en remarquons pas de pareilles dans
la connoiffance, ni dans l'amour. Où
eft donc la contradiction, à fuppofer la
penfée dans l'Etre parfait ?

Nous fommes convaincus que le premier Moteur eft un Agent immatériel ;
nous le prouvons évidemment par l'abfurdité qu'enveloppe l'hypothèfe d'un
mouvement qui n'auroit pas commencé. Où eft donc l'inconféquence, lorfque nous attribuons la force motrice à
un pur efprit ?

Nous croyons que l'Etre parfait eft
infini en une infinité de manières ; &
dès-là néceffairement immenfe : nous
démontrons que la Matière eft bornée,
par l'impoffibilité d'un infini compofé
de parties réèllement diftinctes. Ainfi
la Matière n'eft pas même un point par
rapport à l'immenfité divine. Où eft
donc l'abfurdité, quand nous difons :
que Dieu eft immenfe, quoique la Matière éxifte ?

Nous faifons voir que la première Caufe eft immuable, parce qu'elle eft éternelle, & qu'il implique, que ce qui eft éternel, foit foumis à aucun changement. D'où nous concluons que Dieu demeurant immuable, peut pro-duire tous les changemens qui s'opérent dans l'Univers. Où eft donc encore ici la répugnance?

Enfin nous reconnoiffons que Dieu eft tout-puiffant ; mais nous affurons qu'il n'eft point obligé de faire tout ce qui eft poffible. Que tirerez-vous donc de la permiffion du mal qui lui dé-plaît, mais qu'il a le pouvoir d'empê-cher, fans y être aftreint par aucune Loi?

X.

Dieu eft bon, fans doute ; mais fa bonté eft inféparable de fa fageffe. Tous les divins Attributs fe combinent en-femble, pour ainfi dire, lorfque ce grand Etre agit. Il produit l'ouvrage qui exprime le moins imparfaitement la totalité de son Essence. D'après ce principe, les désordres moraux & physiques de l'Univers ne nous effrayent point. Prouvez clairement qu'un autre système eût été plus digne de la Divinité ? Jusques-là vous n'avez point droit de nous objecter les défauts de ce monde. Mais vous y voyez des traces remarquables de bonté. Cela est positif. Jugez donc avec nous, que l'Etre parfait est bon, & que deux & deux font quatre.

X I.

L'homme n'est point l'unique fin des êtres que Dieu a tirés du néant. Il ne faut pas estimer toutes choses par rapport à nous-mêmes ; mais selon les Loix immuables de l'Ordre, & conformément à la Raison. Au contraire, la nouvelle Philosophie établit chaque Individu, le centre de l'Univers.

I iv

XII.

Un monde où l'homme éprouve tant de maux, ne peut être soumis à un Dieu qui ne seroit que bonté. Un monde, où l'homme jouit de tant de biens, ne peut être gouverné par un Dieu, qui ne seroit point bon. Aussi l'Univers est-il l'ouvrage d'un Etre parfait ; d'un Etre non-seulement bon, mais sage, mais juste, mais couronné d'une infinité de perfections infinies.

XIII.

Ce Philosophe qui prouve au Chrétien, par de longs raisonnemens, que les foibles mortels ne peuvent blesser Dieu ; diminuer la somme de son bonheur ; lui faire éprouver des sentimens douloureux ; se met en frais mal-à-propos. Qui oseroit soutenir de pareilles absurdités ? Donc, direz-vous, il est impossible que nous offensions jamais ce grand Etre ? Un instant. Il est clair que l'ordre immuable des choses est notre Loi. Si nous refusons de lui obéir, nous devenons coupables. Or c'est-là précisément ce que nous appellons offenser Dieu. Dieu aime essentiellement l'ordre ; & le mortel qui s'en écarte, ne peut lui plaire. Il le désapprouve nécessairement, invinciblement. Voilà toute la douleur que le péché inflige à l'Etre impassible & suprême.

XIV.

Dieu, à parler en rigueur, ne doit rien à personne. Comment un Etre borné pourroit-il éxiger quelque chose de l'Etre sans bornes, & à quel titre ? Les démarches d'un si grand Etre ne sont-elles pas toutes d'un prix infini ? Mais l'ordre immuable des choses voulant que la vertu soit récompensée & le vice puni ; Dieu qui aime invinciblement l'ordre, laissera plutôt le monde dans le néant ; s'il n'est point possible de rendre une justice éxacte à ses

I v

créatures. Il vaut mieux que le monde n'éxiste point, s'il n'exprime aucun des Attributs divins; s'il ne fait pas honneur au souverain Etre, dont il est l'ouvrage. Or un monde où l'iniquité régneroit à jamais; quel honneur pourroit-il faire à Dieu? Ne contrediroit-il pas à la fois, sa bonté, sa sainteté, sa sagesse, sa puissance, son infinité?

X V.

Les jugemens de Dieu sont impénétrables, en ce sens, que nous ne pouvons suivre la chaîne de ses décrets. Et cela n'est pas fort étonnant, vu la foiblesse de l'Esprit humain, & son incapacité de comprendre ce qui tient de l'Infini. Mais si nous sommes certains d'une part, que l'Etre juste ne peut infliger la douleur à une créature qui ne l'a point méritée, sans s'obliger à la dédommager par la suite : & si nous voyons clairement d'ailleurs, que Dieu est souverainement équitable, nous

n'héfiterons pas de prononcer , qu'il
eft impoffible que le défordre régne à
jamais fous fon empire. Il eût plutôt laiffé
le monde dans le néant , que de faire
un ouvage pire que le néant même. Dans
ce fens , les jugemens de notre Dieu
ne font point impénétrables.

X V I.

Toutes les volontés de l'Etre parfait
font réglées fur l'ordre immuable des
chofes. Il condamne à des fupplices éternels , les créatures qui ont commis des
crimes , dont la malice eft infinie. Où
eft l'excès de févérité ? Il ne ceffe jamais d'éxiger une peine proportionée au
délit. Où eft l'inconftance ? Une perfonne d'une dignité infinie, fe foumet
à la douleur pour quelque tems : elle lui
offre fes fouffrances, en expiation dé
nos défordres : il accepte cette fatis-
faction : il nous pardonne : où eft la contradiction ? Le crime n'eft-il pas infiniment puni ainfi que Dieu le vouloit , &

qu'il le voudra toujours ? Comment de grands génies proposent-ils de si petites difficultés ? Est-ce pour nous obliger de nous taire, ou de répéter sans cesse les mêmes choses ?

XVII.

L'autorité des Livres saints est démontrée par les miracles : les miracles sont démontrés par la Tradition des peuples, & par le témoignage des Martyrs ; témoignage qu'ils ont signé de tout leur sang (*). Prouvez-nous qu'on peut mourir pour attester des faits, que l'on dit avoir vus, quoiqu'on sçache bien qu'on ne les a pas vus. Prouvez-nous que tous les hommes, n'ont pas naturellement droit de passer pour sincères ; qu'il est permis d'accuser sans aucune raison, des peuples entiers d'imposture & de mensonge : marquez-nous la contradiction qui rend absolument

____

(*) Pensées Anti-Philosophiques.

(205)

impoſſibles les faits miraculeux : faites-
nous voir que l'ordre phyſique n'a jamais été interrompu : Faites nous voir
que vous êtes aſſurés de la conſtance
des Loix qui gouvernent l'Univers, indépendamment de la parole des hommes ; & nous ſerons un peu plus em-
barraſſés.

X V I I I.

Si Dieu n'avoit eu en vue que nos
hommages , il n'eût jamais créé le monde. Quel rapport entre les honneurs finis que nous lui rendrions , & l'acte de
ſa puiſſance pour nous tirer du néant ;
acte d'un prix infini ? D'ailleurs, que
de mortels qui l'outragent & le blaſphêment ! Mais il deſiroit un adorateur digne
de lui. Son Fils revêtu de notre nature ,
devoit lui procurer une gloire, que l'Etre
parfait peut rechercher ſans honte , &
qu'il obtiendra malgré les efforts des Incrédules.

X I X.

Dieu agit toujours felon les Loix de l'ordre : il gouverne tous les êtres, conformément à ces loix éternelles, néceffaires, incorruptibles. Nous fommes juftes nous-mêmes, lorfque nous confultons exactement ce code facré, & que nous y cherchons les principes de notre conduite ; lorfque nous imitons Dieu. Il n'y a donc qu'une juftice pour Dieu, pour les hommes, pour tous les êtres. Dieu eft plus jufte que fes créatures, parce qu'il connoît l'ordre plus parfaitement, & qu'il l'aime plus conftamment, plus ardemment.

X X.

Un Incrédule, en déclamant contre l'Ecriture, prouve fouvent qu'il ne l'a point lue, & toujours qu'il ne l'entend point. Il y en a qui difent en général, que dans les Livres faints on ne trouve point d'éloquence. Ceux-là n'ont

vraifemblablement guères ouvert notre
Bible. Il y en a qui foutiennent que c'eſt
un recueil abſurde & diſcordant. Ceux-
ci ne l'ont à coup ſûr point entendue. Ils
ne ſçavent pas qu'il y a un interpréte
public, infaillible, pour leur en expliquer
le vrai ſens. Pourquoi s'obſtinent-ils à le
chercher uniquement dans leurs têtes,
ou dans les Dictionnaires? Prouvez que
l'Egliſe Univerſelle, s'eſt jamais contre-
dite dans les explications qu'elle nous a
données de l'Ecriture, & vous aurez
tout démontré. Mais nous vous avertiſ-
ſons qu'elle ne répond ni des fautes de
Copiſtes, ni des contreſens de Traduc-
teurs, ni des ſyſtêmes de Commenta-
teurs.

X X I.

Nous adorons en Dieu une bonté,
une véracité, une juſtice infinies. Mais
ni ſa juſtice, ni ſa véracité, ni ſa bonté,
ne ſont point d'une autre eſpèce que celles que nous honorons dans les hommes;

vertueux. Dieu fait à ſes créatures tout le bien qu'il peut leur faire ſans ſe manquer à lui-même, ſans démentir ſes attributs, ſans ceſſer d'être Dieu. Il ne nous trompe jamais; l'erreur eſt un déſordre ; il ne ſçauroit la mettre ni l'approuver en nous. Il aime tous les êtres à proportion de leur mérite : il les gouverne ſelon les régles immuables de l'équité , ſelon les relations néceſſaires qui regnent entre leurs eſſences.

Si le vaſe d'argile ſe trouvoit ſoumis à la douleur en ſortant des mains du Potier, il auroit droit de lui demander : *Pourquoi m'avez-vous fait ainſi ?* Et Paul ne ſe fût point ſervi de cette comparaiſon pour nous faire ſentir la dépendance de l'homme. Dieu ne réprouve point à plaiſir. Sa bonté paroît juſques dans ſes vengeances. Si Dieu nous afflige de douleurs; c'eſt toujours ou pour punir nos déſordres volontaires , ou pour nous fournir une occaſion de mérite. Car la Loi inviolable de l'Ordre , éxige que celui qui a souffert, sans aucune faute de sa part, en soit dédommagé. Mais encore une fois, le vase qui sort des mains du Potier, est incapable de bonheur & de malheur. Ainsi la comparaison, qui d'un côté établit la puissance absolue de l'Etre suprème, ne détruit point l'idée de son incorruptible équité. Je ne puis me plaindre des faveurs que Dieu accorde à ses Elus, si je suis de ce nombre, ou si je n'en suis exclu que pour mes crimes.

XXII.

Quand il seroit possible que l'Etre parfait ne me fît jamais aucun bien; je n'en serois pas moins tenu de l'estimer infiniment. L'estime doit être réglée sur l'excellence des choses, & non sur leur utilité. Les Démons mêmes sont forcés de rendre au souverain Etre ce stérile devoir. Desirer que Dieu n'existe point; c'est souhaiter que la même chose soit & ne soit pas dans le même tems. Ce vœu

infâme, ne peut être celui d'une intelligence éclairée.

XXIII.

L'homme n'a aucun rapport avec
Dieu que par le Médiateur que les Chrétiens invoquent. Du fini à l'infini, la
distance est infinie. L'homme-Dieu placé
entre son pere & nous, nous aide à
franchir l'intervalle immense qui nous
sépare. Comme homme, il est sembla-
ble à nous, il est notre égal : comme
Dieu, il est aussi grand, aussi parfait
que son principe. Tout culte doit être
fondé sur des rapports subsistans entre
l'homme & la Divinité. Donc la Religion Chrétienne est la seule véritable ;
puisque seule elle connoît un Médiateur ;
& que toutes les autres laissent entre
l'Etre suprême & ses créatures, un espace qu'il est impossible de traverser.

XXIV.

N'avancez pas que, selon les Théologiens, Dieu a pu créer les hommes pour les rendre éternellement malheureux. Nous détestons cette affreuse doctrine !

XXV.

Quelques Philosophes ont prétendu, que l'Etre parfait pouvoit altérer les essences des choses. Mais ils l'ont enseigné sans disciples. En effet, c'est une assertion impossible à démontrer. Sur quoi jugerois-je que Dieu a ce pouvoir chimérique ? Je suppose qu'il en soit doué : comment sçaurois-je alors que Dieu lui-même ne changera jamais ? Il y a contradiction, direz-vous, que Dieu ne soit pas Dieu. Il y a contradiction également, vous répondrai-je ; que deux & deux ne soient pas deux & deux, ou quatre.

XXVI.

Jésus-Christ est mort sans se plaindre de ses Juges, ni même de ses bourreaux : les Apôtres sont morts avec la même tranquillité : des milliers de Martyrs les ont imités : Etoit-ce pour la Cause de la Religion qu'ils souffroient ? La vraie Théologie n'enseigna jamais que *les vertus sociales ne sont point de sai-son* dans la cause de Dieu ? Est-il de meilleurs Théologiens que les Apôtres, & que Jésus-Christ ? Ouvrez toutefois l'Evangile, & lisez-y ces mots transcrits du Code éternel de la Raison (*) : *Quæcumque vultis ut faciant vobis homines ; & vos facite illis : hæc est enim Lex & Prophetæ.* Tant il est vrai que la Religion est cruelle ! Que nous sommes persécuteurs par système !

(*) Matth. VII.

XXVII.

Il ne suffit pas qu'un homme se dise éclairé d'en-haut, pour que nous l'écoutions sans rire. L'Eglise n'admet jamais de révélations que celles qui sont prouvées par des miracles publics & solemnels. Il y a cependant aujourd'hui une chose qui empêcheroit encore que nous ne nous rendissions à des prodiges qui auroient ce caractère. Il suffiroit que la doctrine de celui qui les opéreroit fût contraire à celle de Jesus - Christ. Pourquoi ? C'est que l'Evangile est confirmé par des Miracles , qu'il est impossible désormais de surpasser, ou même d'égaler.

XXVIII.

Les volontés divines ne méritent d'être la régle de nos volontés, que parce qu'elles sont essentiellement conformes à l'ordre immuable des choses. Si , par impossible , Dieu éxigeoit de nous une injuſtice ; l'homme vertueux devroit alors lui déſobéir. Il me ſemble que cette morale eſt auſſi pure que celle qu'on puiſe dans le ſein de la Matière.

X X I X.

Quelle biſarre idée de penſer que Dieu doit ſortir localement de l'homme qui l'offenſe ! Dieu eſt un Etre ſans bornes ; & la malice des mortels ne peut pas plus détruire ſa toute-préſence, que ſon éxiſtence néceſſaire.

X X X.

La révélation ne ſuppoſe pas, que Dieu ait jamais laiſſé le Genre Humain dans une ignorance invincible de ſes volontés. Nous croyons que l'Etre parfait ſe manifeſta d'abord au premier homme , & lui découvrit les vérités que nous regardons comme néceſſaires ; qu'il lui promit un Médiateur , un Rédempteur. Puiſque nous ſommes tous

(275)

fortis de la même source ; il est évident
que notre commun pere pouvoit communiquer à ses enfans , & ceux-ci à
leurs descendans sans exception , le dépôt des dogmes qui lui étoit confié.

Cependant Dieu se manifesta de
nouveau après le Déluge à la famille qui
repeupla les solitudes de l'Univers. Il
se fit connoître encore à Abraham , &
aux autres Patriarches. Il se choisit un
peuple entier de leur sang ; non par une
pure prédilection ; mais pour en faire son
Missionnaire auprès des autres Nations.
Voilà une des causes de ses différens
éxils d'une extrémité à l'autre de la terre , en Egypte & à Babylone (*). *Ideò
dispersit vos inter gentes quæ ignorant
eum, ut enarretis magnalia ejus ; &
faciatis scire eos , quia non est alius
Deus omnipotens, præter eum.*

Le Libérateur promis paroît enfin.
Il passe sa vie mortelle parmi les Juifs,

(*) *Cant. Tob.*

afin qu'il eût un peuple pour témoi
perpétuel de ſes Vertus & de ſes Mi
racles ; afin qu'on ne le perdît jama
de vue, & qu'il pût dans la ſuite fair
ce défi à des ennemis nombreux : (*
Quis ex vobis arguet me de peccato
S'il ne ſe fût fixé nulle part ; s'il eû
couru le monde, comme quelques Phi
loſophes ; ſes Vertus, ſes Miracles au
roient-ils pû être auſſi-bien conſtatés
Où trouvez vous donc cette odieuſe pré
dilection que vous oſez reprocher à no
tre Dieu ? Si-tôt que le Libérateur a
conſommé ſon œuvre ; ſes Apôtres vo
lent l'annoncer par toute la terre : les
Juifs eux-mêmes diſperſés, vont prêcher l'Evangile à leur manière. D'où je
conclus, que ſi Dieu a été ſi ſouvent
& ſi long-temps ignoré ; c'eſt aux hommes ſeuls qu'il faut s'en prendre.

Mais de plus, la Raiſon a-t-elle jamais ceſſé d'inſtruire les mortels ſur les

______

(*) Joan.

régles

régles eſſentielles de la Morale ? Rete-
nez-le donc bien ; nous ne croyons pas
que Dieu condamne aux feux éternels,
ceux qui les auroient fidélement prati-
quées. On vous l'a dit cent fois !

X X X I.

Une Religion qui ne nous annonceroit que des Myſtères , & dont les
preuves ne ſeroient elles-mêmes que
des Myſtères , ſeroit un peu trop Myſ-
térieuſe pour être crue. Mais ſi les preuves de la révélation ſont claires & in-
conteſtables ; ſi je ne puis me ſouſtraire
à leur lumiere ; en un mot, ſi tout homme ſenſé , en examinant ſérieuſement
ces preuves , eſt obligé d'avouer que
Dieu a certainement parlé : alors, quoiqu'il ſe trouve des Myſtères parmi les
vérités révélées ; je les croirai ſur l'autorité de l'Etre ſuprême : il me ſuffira
que je n'apperçoive dans ces dogmes
aucune contradiction.

K

XXXII.

L'idée de l'Etre parfait n'est point l'ouvrage de l'imagination. Elle est la même pour tous les hommes. Le méchant, s'il la considere attentivement, y verra la condamnation de ses vices ; il reconnoîtra combien il est éloigné de ce divin modèle. Les gens de bien y trouveront leur consolation, & un encouragement à la vertu. Personne n'y découvrira jamais aucune imperfection, aucun néant. Ce seroit voir ce qui n'est pas, & le voir précisément où il n'est pas.

XXXIII.

Les Athées élevent un Colosse épouvantable ; ils le couvrent de couleurs lugubres ; ils lui noircissent le visage ; ils lui mettent à la main une verge de fer ; & écrivent sur son front le nom in-

mcomunicable de la Divinité. Ce n'est
point là mon Dieu ; mais un Phantôme !

§. XXI.

De Clarke,

I.

Nous ne difons pas : voilà la plus
convaincante, la plus forte de toutes les
preuves qui établissent l'exiſtence d'un
Dieu. Nous ſçavons que cette vérité
peut être démontrée en mille & mille
manières. Or, une démonſtration n'eſt
ni plus ni moins claire, qu'une autre
démonſtration. D'ailleurs, comment
parmi tant de preuves que l'on ap-.
porte, & que l'on peut apporter, choiſir ſi facilement la plus concluante ?

Tous les peuples ſe ſont accordés
ſur l'exiſtence d'un Etre ſuprême. Je
ſoutiens que cette ſeule raiſon devroit
ſuffire à un homme qui n'en a point
d'autres. Ce conſentement des Nations

K ij

ne prouve rien, vous écriez - vous !
Combien d'erreurs universelles dont on
est revenu ! Je vous réponds que ces
erreurs n'ont point été universelles, puisqu'on en est revenu. Une erreur universelle infecteroit tous les tems ainsi
que tous les lieux. Mais, malgré vos
efforts, malgré les lumieres prétendues
de la nouvelle Philosophie, la plus grande
partie du Genre humain croit encore en
Dieu. Que dis - je ? La totalité peut-
être !

Les peuples, dit-on, se sont réunis
à croire qu'il éxiste une premiere Cause,
& rien de plus : les Athées, sont comme
les autres, convaincus de cette vérité :
car il est évident pour tout homme,
qu'il n'y a point d'effet sans Cause.

Je veux bien convenir avec vous que
les hommes de tous les âges, de toutes
les Nations, en adorant un Dieu, n'a-
doroient que la Cause premiere. Mais
vous m'avouerez de votre côté, qu'ils
ont tous attribué à cette Cause l'intelli-

gence. Oui, le Sauvage même à genoux
devant un rocher, ne lui rend ſes hommages, que parce qu'il ſuppoſe que ce
rocher a de la connoiſſance & de l'a-
mour. Soyez de bonne foi, & avouez
qu'il ſuit de-là que les hommes les plus
groſſiers n'étoient pas perſuadés, que
pour aimer & connoître, il fût néceſſaire
d'être revêtu d'organes pareils à ceux
dont nous jouiſſons. Du moins, il n'eſt
pas évident qu'ils en ayent été perſuadés.
Mais ſur-tout avouez que Dieu a toujours été honoré comme un Etre intelligent : il ne m'en faut pas davantage.
Je vous demanderai, pourquoi vous
voulez le dépouiller aujourd'hui de cet
attribut ? Je vous demanderai, ſi les
hommes ne ſçavoient ce que c'étoit que
la penſée, lorſqu'ils aſſignoient la penſée
à la premiere Cauſe ? Et je finirai par
vous dire, que dans une matière auſſi
grave, j'aime beaucoup mieux me ſéparer de vous, que de tout le Genre
humain ; vû que juſqu'ici nous comptons

plus d'un Sçavant, qui n'a point été de votre avis.

II.

Je ne puis, sans indignation, voir de quel air un Jeune homme aujourd'hui fait le procès à tout ce qu'il y a de célébre parmi nos Ecrivains. Il juge ordinairement en moins de deux minutes, les méditations qui ont occupé la vie entiere de nos plus grands Philosophes. Combien de fois ai-je entendu injurier les noms sacrés de MALEBRANCHE & de DESCARTES, par des gens qui n'avoient jamais lû leurs Ouvrages immortels ? Cette démangeaison de décider, se fait sentir dans les sujets les plus graves & les plus intéressans ! A la honte de la vérité, un Déclamateur qui n'a souvent d'autre avantage que de plus mal tourner une preuve de l'éxistence de Dieu, osera dire hardiment : qu'il n'y en a point d'autre qui soit convaincante ! Ce n'est pas que je craigne qu'on réduise

jamais en problême l'existence de l'Etre
parfait. Mais je suis fâché qu'on scan-
dalise les foibles , & qu'on fournisse des
sarcasmes aux Incrédules. C'est commu-
nément ce qu'il y a dans leurs livres de
plus dangereux.

III.

Pourquoi m'objecter les divisions des
Théologiens , sur les Matières qui ne
sont pas de Foi ? Quand il seroit de
Foi qu'il y a un Dieu ; ce que je ne vous
accorde point ; car la Foi suppose la véracité de ce grand Etre, & conséquemment son existence ; les démonstrations
de l'éxistence divine seroient-elles de Foi
pour cela ? Nous croyons tous que l'Etre
parfait existe : n'importe sur quelle preuve ; pourvu que celle que nous adoptons
suffise pour nous convaincre. Montrez-
moi plus d'unanimité parmi vos Philosophes. La Trinité est un dogme que
nous sommes tous obligés d'admettre.
Pensez-vous que si l'on parvient jamais

à l'expliquer , ces explications feront l'objet de notre Foi ? On a dit des chofes affez fatisfaifantes fur la propagation du péché Originel. L'Eglife néanmoins ne nous contraint pas d'être Malebranchiftes : elle demande uniquement que nous foyons Catholiques.

I V.

» Quelque chofe , dit Clarke, a éxifté » de toute éternité «. Cela eft évident : ou bien il faudroit foutenir que le néant univerfel a précédé l'Etre. Or, le néant n'a point d'énergie ; il ne peut rien faire. Donc il n'éxifteroit rien aujourd'hui. Il implique dans les termes qu'il y ait jamais un inftant, où il n'éxifte aucune réalité. Cet inftant même feroit quelque chofe.

Mais quelle eft cette chofe qui eft de toute éternité ? Je foutiens que ce n'eft point la Matière. Le mouvement ni le repos, ne fçauroient être éternels ; & cependant la Matière eft néceffairement ou en repos, ou en mouvement. Tous les mouvemens possibles seroient épuisés; si la Matière s'étoit mue pendant un tems infini. Un tems infini égale l'éternité complette, comme une ligne infinie égale l'espace immense. Par la même raison, si la Matière étoit demeurée en repos pendant une infinité de siécles; elle seroit encore aujourd'hui immobile. Donc l'Etre éternel n'est point la Matière. C'est ce que nous entendons, lorsque nous disons que Dieu est un *pur Esprit.*

V.

Puisque la Matière a commencé d'être; il est indubitable qu'elle a une Cause: or, sa Cause est une Intelligence. Une Cause éternelle est nécessairement immuable. Le changement est incompatible avec l'Eternité. Toute espéce de succession réelle en est absolument bannie. Mais il est impossible de concevoir une Cause qui agisse immua-

blement, si l'on ne la suppose intelligente. Dieu peut vouloir de toute éternité l'existence contingente du monde,
& les révolutions différentes qu'éprouve chacune de ses parties. Sa volonté
est la Cause universelle ; mais on com-
prend facilement, qu'elle peut demeurer invariable, au milieu des changemens qu'elle opére. Il y a mille ans,
Dieu vouloit que j'éxistasse dans l'instant
où j'éxiste. Dans mille ans, il ne cessera
pas de vouloir mon éxistence pour cet
instant.

Ajoûtez à cela les caractères visibles
de Sagesse, empreints sur toutes les
parties de l'Univers ; & osez soutenir, qu'il est l'ouvrage d'une Cause
aveugle !

V I.

Comment ne voit-on pas que l'Etre
éternel est couronné de toutes les perfections ? qu'il est Infini en une infinité
de manières ? Qu'est-ce qui pourroit le

limiter ? Le néant ? Mais le néant ne réside nulle part ? Et par-tout où il ne réside point, il y a néceſſairement de la réalité. Il eſt donc évident que l'Etre primitif n'a point de bornes ; qu'il n'eſt reſtraint en aucune manière.

Et qui pourroit donc lui refuſer l'intelligence, la bonté, la puiſſance, la juſtice, la ſageſſe ? Ne ſont-ce pas des perfections ? Ne ſont-elles pas compriſes parmi une infinité de perfections infinies ?

Quoi ! direz-vous : l'eſſence divine n'exclut-elle pas de ſon ſein la Matière ? Sans doute ; parce que la Matière elle-même exclut l'infinité. Mais ſi la Matière n'étoit pas néceſſairement imparfaite & bornée ; ſi l'infinité lui appartenoit, elle ſe trouveroit en Dieu.

La divine eſſence, ajoûtez-vous, rejette de ſon ſein la Matière : la Matière eſt une réalité : elle exclut donc quelque eſpéce de réalité ? Non : l'eſſence divine, quoiqu'elle ne renferme point

K vj

tous les Individus , quoiqu'elle ne renferme aucun Individu qu'elle-même ,
contient néanmoins toutes les idées des
chofes ; & chaque efpéce de réalité jouit
en elle de l'infinité. En un mot , Dieu
eft l'Etre qui poffede une infinité de
perfections infinies , fans aucune multi-
plicité réelle , fans aucune véritable compofition. Mais dans une infinité de perfections diverfes , infinies , il eft clair
que toutes celles dont nous avons quelqu'idée , s'y trouvent comprifes émi-
nemment.

VII.

Dieu , ou l'Etre parfait , fe fuffit feul
à lui-même. S'il lui manquoit quelque
chofe ; il ne feroit pas infiniment infini ; il ne feroit pas Dieu. Il n'a donc
point été néceffité à nous donner l'ê-
tre. S'il agit , le motif principal de fon
action , eft l'amour qu'il porte à fa
Divinité. Mais , puifqu'il n'a befoin de

rien, son action n'est point indispen-
sable.

VIII.

Il est évident que l'Etre sans bornes,
renferme dans son sein tout ce qui peut
mériter quelqu'estime, quelqu'amour.
Car il n'y a que ce qui est, qui soit
aimable ou estimable. Le néant ne mérite aucuns égards. Or dans l'Etre sans
bornes, toutes les réalités s'y trouvent
infinies ; bien différentes de ce que sont
leurs foibles images dans les créatures.
Je demande maintenant si la sagesse,
la science ; si les vertus morales, comme la bonté, la justice ; méritent quelqu'amour, méritent quelqu'estime ?
Oui, répondez-vous ? Donc ce sont autant de réalités qui sont infinies dans
la substance premiere & éternelle ? Je
demande encore, si l'ignorance, l'erreur ; si les vices moraux, comme la
cruauté, la fourberie ; sont estimables
ou aimables en aucune manière ? Non,

fans doute, vous écriez-vous ? Donc
ce font de vrais néants, qui ne peuvent fe trouver dans l'Etre fuprême ?
Car toute réalité mérite ou de l'amour,
ou du moins quelqu'eftime.

I X.

» Ecoutez, s'écrie un de nos Ecri-
» vains : celui qui a fait, l'œil ne verroit-
» il pas ? Celui qui a conftruit l'oreille,
» n'entendroit-il pas « ? C'eft ainfi qu'il
convainquoit les Incrédules de fon fié-
cle. Il eft évident qu'il n'y a point d'effet fans Caufe. Donc un effet ne con-
tiendra jamais plus de réalité que l'Etre
qui l'a produit. Autrement ce qu'il auroit de furplus, il l'auroit reçu du néant.
Un Etre qui ne feroit que Matière, ne
pourroit créer un Efprit (*). Ainfi
Dieu, qui eft la Caufe univerfelle, pof-
féde toutes les perfections dont nous

____

(*) En général : la premiere Caufe ne peut rien tirer du néant, dont elle ne renferme l'Archetype.

voyons l'image, soit dans les intelligences, soit même dans les corps. Il renferme les Archetypes, de tout ce qu'il
y a de réalité dans nos senfations,
dans nos defirs, dans nos penfées, dans
nos organes mêmes ; mais fans aucun
défaut , fans fe confondre avec les
créatures, fans aucune compofition véritable.

Vainement vous m'objectez , qu'il
fuivroit de ces raifonnemens , que la
Matiere eft en Dieu , que la mé-
chanceté eft en Dieu; puifqu'il exifte
des corps , & qu'il y a des hommes vicieux. Le modèle des perfections de la
Matière , eft en Dieu fans doute mais
fans aucune imperfection. La méchan-
ceté n'eft nullement en lui ; parce
qu'elle n'eft qu'un pur néant. Les perfections de l'homme vicieux , ou plutôt
leur Archetype, fe trouvent dans la divine fubftance; mais le vice n'y réfide
point. C'eft un pur néant , encore une
fois; puifque nous convenons tous qu'il

ne mérite aucune estime ; & que d'ailleurs nous reconnoissons qu'il n'y a point de réalité, qui ne soit plus ou moins estimable.

X.

La liberté de Dieu ne s'étend point, comme celle des Créatures, jusqu'à pouvoir faire le mal. Elle est bornée par la contradiction. Dieu ne sçauroit faire une montagne sans vallée ; parce qu'un pareil ouvrage répugne en lui-même. Il ne sçauroit pécher ; parce que le péché répugne aux Attributs de l'Etre parfait. Mais il a été libre de tirer le monde du néant, ou de l'y laisser ; parce qu'il se suffit seul à lui-même.

X I.

La malice n'est ni aimable, ni estimable ; la Folie ne mérite non plus aucun amour, aucune estime : or toute réalité est aimable, ou du moins estimable. Donc la Malice & la Folie,

(233)

précifément comme telles, font de purs
néants. Elles ne fe trouvent donc point
dans la fuprême Réalité, dans l'Etre infiniment infini ? Ce raifonnement me
paroît fans réplique.

X I I.

Ce n'eft que felon les Athées, je penfe, que » l'idée de la Divinité, eft la
» négation d'abfolument toutes les idées
» que les hommes font capables de fe
» former «.

X I I I.

» On nous dit, qu'il y a des fubf-
» tances, que nous ne pouvons ni voir
» ni toucher, & qui n'en exiftent pas
» moins pour cela : à la bonne-heure ;
» mais dès-lors nous ne pouvons ni en
» raifonner, ni leur affigner des quali-
» tés «. Eft-ce que vous ne raifonnez
qu'avec les yeux ou avec les mains ?

XIV.

L'Infini en lui-même, est incompréhenſible à tout eſprit borné. Mais tout
eſprit borné peut comprendre que l'Infini eſt néceſſairement un Etre ; que
c'eſt l'Etre ſuprême. Car le néant ne
ſçauroit être éternel, immenſe, omniſcient, tout-puiſſant. Notre penſée
n'embraſſe point tout ce qui eſt intelligible dans la divine ſubſtance : voilà
pourquoi nous diſons, qu'elle eſt incompréhenſible. Mais nous la connoiſſons imparfaitement ; nous en avons une
notion très-diſtincte, quoique très-légère. Ne ſçavez-vous pas que ſi l'on ſuppoſe une ligne infinie, ſa moitié égalera
le tout ? Dites-moi : Oſeriez-vous ſoutenir la même choſe d'une ligne finie,
ou dont vous ne connoîtriez point la
longueur ? Les Athées ſont trop difficiles ; il faudroit que Dieu ſe dépouillât
de ſon infinité, qu'il ſe dénaturât, pour
qu'ils conſentiſſent à le connoître !

X V.

Lorsque nos Incrédules entreprennent de réfuter Clarke, ils ont soin d'annoncer que bien des gens croyent que c'est lui qui jusqu'ici a parlé de Dieu de la maniere la plus convaincante. Tout le monde n'est pas de l'avis de ces gens-là.

§. XXII.

De Descartes, de Malebranche, & de Newton.

I.

Descartes a prouvé de plusieurs manieres l'existence d'un Etre infini & parfait. Il y a, dit-il, un Etre infini & parfait; parce que la nécessité d'exister est évidemment contenue dans l'idée que j'ai de lui; parce que cette idée, si elle est quelque chose de créé, ne peut avoir d'autre cause que cet Etre suprême; parce que rien ne sçauroit subsister un seul instant, s'il ne reçoit actuellement l'être de la Divinité. Il développe ces raisonnemens avec beaucoup d'étendue dans ses *Méditations* & dans ses *Principes*. Ce qui me surprend, c'est qu'un Athée, qui se dit de bonne foi, après avoir transcrit quelques lignes d'un discours, qu'il rend inintelligibles en supprimant les réfléxions essentielles qui les précédent & qui les suivent, se vante d'avoir pulvérisé toutes les démonstrations de Descartes ! Il est vrai qu'il oppose quelques difficultés ; mais malheureusement elles n'ont point de rapport à l'endroit qu'il a cité, Peut-être qu'il ne l'avoit pas lû.

I I.

Un être qui jouiroit de l'existence nécessaire, toutes choses égales d'ailleurs, ne seroit-il pas plus estimable que celui qui ne jouiroit que d'une existence précaire ? Donc la nécessité d'exister est une perfection, une réalité. Ce qui est estimable, n'est jamais un pur néant. Or dans l'idée que nous avons de l'Etre souverainement parfait, toutes les espéces de réalités s'y trouvent comprises sans limitation. Donc cette idée existe nécessairement : elle est Dieu lui-même, dont la substance se manifeste à moi dès cette vie. Voilà comme j'entends la premiere preuve de Defcartes. Et qu'avez-vous à m'oppofer ? Que vous n'avez point d'idée d'un Etre parfait ? Comment ofez-vous foutenir ce paradoxe ? Vous ne pourriez me prouver, que vous n'avez point cette idée, fans fçavoir ce que c'eft, & conféquemment fans l'avoir ? Il faut ou vous rendre, ou vous taire.

III.

L'idée de l'Etre fouverainement parfait, l'image qui le repréfente à mon efprit, contient une réalité infinie. Donc, fuppofé que cette idée foit quelque chofe de créé, elle doit l'avoir été par une Caufe infinie elle-même ; puifque l'effet ne peut-être plus réel que fa Caufe. Si l'on dit que cette idée n'a point de caufe ; je le veux : alors elle fera le Dieu que je cherche. C'eft ainfi que je conçois la feconde démonftration de Defcartes. Point du tout, répond l'Athée. Defcartes a mal raifonné. Nous

avons l'idée d'un *Hyppogriphe*, quoiqu'il n'éxiste pas dans la Nature ? Cette
objection peut être bonne ; mais elle
eſt ici déplacée. Deſcartes l'a réſolue dans
ſon lieu.

I V.

La même choſe ne ſçauroit être &
n'être pas dans le même tems. Mais
nous ne voyons point de contradiction
à ſuppoſer, que telle réalité bornée qui
exiſte, ceſſe d'exiſter dans un moment :
il n'y a que l'Etre parfait dont l'inexiſ-
tence répugne en toute hypothèſe : chaque inſtant de notre durée eſt indépen-
dant de l'inſtant qui le précéde. Donc,
reprend Deſcartes, ſi nous continuons
d'exiſter ; c'eſt qu'une Cauſe ſuprême
nous conſerve perpétuellement l'être
qu'elle nous a donné ; c'eſt que Dieu
nous crée ſans ceſſe : il y a donc un
Dieu ? Que direz-vous de cette nouvelle
preuve ? Elle montre du moins, que le
grand Deſcartes n'étoit point Spinoſiſte,

ou plutôt que Spinofa n'étoit pas bon Cartéfien.

V.

» Par le nom de Dieu, dit Defcar-
» tes, j'entends une SUBSTANCE infinie,
» éternelle, immuable, indépendante,
» toute connoiffante, toute puiffante,
» & par laquelle *MOI - MESME ET*
» *TOUTES LES AUTRES CHOSES QUI*
» *SONT* (s'il eft vrai qu'il y en ait qui
» exiftent) ont été créées & produites «.
Pourrois-je donc écouter de fang-froid
l'Incrédule, lorfqu'il avance témérairement ; que ce grand homme regardoit
l'Etre parfait, comme une pure modification de la Matière ; & que de fes
principes découle néceffairement le Spi-
nofifme ? Mais où Defcartes définit-il
ainfi la Divinité ? Dans le difcours même, dont fes ennemis ne rapportent
qu'une récapitulation tronquée ! Ils con-
cluent toutefois, qu'on a eu raifon de
l'accufer d'Athéifme ! C'eft - à - dire,
qu'ils

qu'ils donnent gain de cause à l'obscur
& turbulent Voëtius !

VI.

Je lis en Italique ces phrases, que l'on
m'annonce comme l'expression même
du célébre Malebranche : » *que l'Uni-*
» *vers n'est qu'une émanation de Dieu....*
» *Que Dieu est tout être, & le seul être...*
» *Qu'il n'est pas encore bien démontré,*
» *qu'il y ait une Matiere & des Corps«.*
» *.... Que si l'on y prend garde de près,*
» *on verra qu'il n'est pas même possible*
» *de connoître avec une entiere certitu-*
» *de, si Dieu est ou n'est pas vérita-*
» *blement Créateur du monde matériel*
» *& sensible «.* Je me sens aussi-tôt
ému d'indignation ! Quoi ? on ose attribuer au plus profond Raisonneur qui
fut jamais, à un Philosophe si Chrétien, des extravagances, qu'il combat
à chaque page ; je dirois presque à chaque ligne de ses Ouvrages ? Où est donc
la bonne-foi ? Un instant, répondra

quelqu'un : avant de crier à la calomnie, il faut voir d'abord s'il n'y a pas eu deux Malebranches.

V I I.

Malebranche a donné cent démonstrations de l'éxistence d'un Dieu. Elles jouissent toutes de cette force irrésistible qui soumet les esprits; mais il en est quelques-unes, qui ne sont pas à la portée de tout le monde. L'Auteur du *Systême de la Nature* prétend les avoir toutes pulvérisées ; quoiqu'il n'en ait rapporté ni réfuté aucune.

V I I I.

J'apperçois l'nIfini , dit Malebranche : or rien de fini ne peut me le représenter. Donc je l'apperçois en lui-même. Donc il éxiste. Telle est, selon ce grand homme, la preuve la plus simple de l'existence de Dieu. Je voudrois sçavoir , comment nos Philosophes y répondent : Ils nient que nous ayons au

cune idée pofitive de l'Infini ! Mais
pourquoi donc fommes-nous certains,
que la moitié d'une ligne infinie, feroit
égale à toute cette ligne ? De quelle
ligne bornée, ou indéfinie, oferions-
nous affurer la même chofe ?

IX.

Malebranche nous repréfente Dieu
comme la Caufe univerfelle, qui opere
immédiatement tout ce qu'il y a de
phyfique dans les fubftances créées, &
dans leurs modifications. Donc il place
le péché parmi les ouvrages de l'Etre
parfait ? Oui, s'il regarde le péché
comme quelque chofe de phyfique. Mais
il prouve que la malice du crime eft un
pur néant ; une difformité avec l'ordre
immuable des chofes. L'impiété de Malebranche n'eft donc que dans l'imagination de fes accufateurs, qui réfutent
les Livres fans les ouvrir.

X.

Newton , après avoir observé l[e]
mouvemens célestes, persuadé qu'i[l]
ne font point foumis aux Loix de [la]
Méchanique , avoit conclu que [le]
monde eft l'ouvrage d'une Intelligenc[e.]
Voilà ce que nos Philofophes devoie[nt]
remarquer ; mais c'eft la feule cho[fe]
qu'ils laiffent à l'écart. Ils s'amufent [à]
combattre une differtation affez foibl[e]
fur les Attributs divins, & chantent au[f]
fi-tôt leur triomphe. Ils aiment mieu[x]
avoir affaire à Newton Théologien
qu'à Newton Obfervateur. Cependan[t]
ils fe difent Newtoniens ; & dès-lor[s]
fa preuve de l'exiftence de Dieu, ne laiff[e]
pas d'être concluante contr'eux.

X I.

Oui : » ces mouvemens réglés, ce[t]
» ordre que l'on voit régner dans l'U-
» nivers, ces bienfaits dont les hom-
» mes font comblés , annoncent une

» sageſſe, une intelligence, une bonté,
» que l'on ne peut refuſer de recon-
» noître dans la Cauſe qui produit des
» effets ſi merveilleux «. Vous dites
que ces effets ſont néceſſaires ? Il ne
ſuffit pas de le dire, de le répéter. Démontrez qu'il y a une contradiction manifeſte, à ſuppoſer les choſes autrement
qu'elles ne ſont, & nous vous aban-
donnerons cette preuve. En attendant,
ne ſoyez pas ſurpris que tous les hommes s'y attachent comme à la plus ſenſible.

XII.

Qui peut nier, ſinon Lucrèce, que
l'œil ſoit fait pour voir, l'oreille pour
entendre, les pieds pour marcher ? Qui
peut concevoir que des combinaiſons
aveugles ayent produit ces organes ?
Qu'elles ayent formé les tiſſus dont ils
réſultent ? Qu'elles les ayent proportion-
nés ſi juſtement avec les objets exté-
rieurs, qui doivent agir ſur eux ? Pour-

quoi ne vois-je un corps que lorsqu'il eft affez grand, ou affez près de moi pour m'être utile, ou pour me nuire ? Pourquoi la divifion, ou l'éloignement, qui ne l'anéantiffent point en lui-même, le détruifent-ils à mes yeux ? Pourquoi mon oreille ne m'avertit-elle que du bruit qui fe fait à une certaine diftance ? Tout cela, dites-vous, s'explique facilement ; tout cela eft une fuite inévitable des mouvemens néceffaires, qui animent la maffe immenfe de la Matière. Mais on vous démontre qu'il y a contradiction à foutenir que la Matière n'a point de bornes ; on vous prouve que quand elle feroit infinie, le mouvement exigeroit une éternité, pour fe propager à l'infini ; qu'il eft abfurde de prétendre que le mouvement n'a pas commencé ; que fi la combinaifon actuelle avoit été précédée d'une infinité d'autres combinaifons, elle devroit encore être purement poffible ; puifque l'éternité n'eft point écoulée.

On vous défie de démontrer à votre tour, qu'il y ait contradiction à supposer la Matière sans existence, sans mouvement, ou combinée d'une autre maniere qu'elle ne l'est aujourd'hui. Que vous reste-t-il donc pour soutenir votre chancelante Nécessité ?

X I I I.

Les Animaux sont soumis à la mort. Donc le Dieu que nous peignons immuable, est un Etre changeant & capricieux ? L'immutabilité divine paroît sur-tout dans les loix uniformes, qui régissent l'univers. Mais, puisqu'il faut vous le dire une fois pour toutes ; Dieu est parfaitement immuable dans l'amour qu'il porte à l'Ordre essentiel. Voilà la Loi dont il ne s'écarte jamais, pour quelque raison que ce puisse être. Toutes les autres Loix qu'il s'est librement imposées à lui-même, il les suit autant qu'il est possible, autant qu'il n'a point de motifs supérieurs de s'en dispenser. C'est ainsi qu'il a fait des miracles pour établir la Religion ; c'est ainsi que les Bêtes, après avoir décoré l'Univers sous une forme, meurent & vont encore l'embellir sous une forme nouvelle. La divine sagesse tire plus de gloire de ces reproductions qui sont le fruit des mêmes Loix ; que son immutabilité n'en tireroit de la vie constante & immortelle des mêmes Animaux. D'ailleurs l'Etre pensant, le seul qui puisse sentir le bienfait de l'éxistence, ne s'anéantit jamais.

XIV.

Je plains ceux qui vivent au milieu des remords ! Mais il ne tient qu'à eux de les faire cesser. Qu'ils se soumettent au Dieu qu'ils ont si gratuitement, & si indignement outragé : ils deviendront eux-mêmes des preuves de sa clémence. Ils jouiront de la paix, & ils ne troubleront plus le repos des autres hommes. Ils n'ambitionneront plus *le sort des pierres.*

(249)

X V.

L'homme, si l'on ne confidere en lui que la machine, eſt peut-être le plus chétif des Animaux. Mais il n'y a que les Incrédules qui ſe croyent des machines.

X V I.

Je vous dis, qu'il vaut mieux que le monde ſoit comme il eſt, que de n'être point du tout. Prouvez - moi le contraire.

X V I I.

Comment Hobbes peut-il ſoutenir que la Matière eſt l'être unique? N'eſt-il pas évident qu'une Matière infinie eſt une chimère? qu'en elle la partie égaleroit le tout? Cependant, il eſt impoſſible, que le grand aſſemblage des êtres, qui jouiſſent actuellement de l'éxiſtence', ſoit limité. Il eſt impoſſible, qu'il n'y ait pas du moins une Subſtance infinie. D'où l'on voit qu'il y a un Infini actuel & immatériel. Or comme l'infini est essentiellement simple & parfait en toutes manières ; nous concluons qu'il y a un Dieu ; puisque Dieu n'est que l'Etre parfait. Donc, Hobbes & ses Sectateurs se trompent grossierement, lorsqu'ils regardent la Matière comme le seul Etre, comme la Nature universelle.

XVIII.

La production d'une pierre marque autant d'intelligence dans sa Cause, que la production d'une tête organisée comme celle de Newton ! C'est la pensée d'un Athée, qui se dit pure machine.

XIX.

Vous avouez que vous ne connoissez point parfaitement la Nature ? Et vous soutenez qu'elle agit *toujours* nécessairement ?

X X.

Si l'Iliade , fi l'Enéide , ne peuvent être l'ouvrage que du Génie, l'Univers entier auroit-il pour caufe, une Matière fans intelligence ?

» Des jets infinis, faits pendant l'é-
» ternité, avec des élémens & des com-
» binaifons infiniment variés «, font im-
poffibles. Car une Matière immenfe , & des mouvemens éternels, envelop-pent les plus grandes abfurdités. Jamais je ne conviendrai, que l'Eternité com-plette foit écoulée ; ni que la partie foit auffi grande que le tout !

X X I.

Les Incrédules nous reprochent de leur prêter des opinions ridicules; afin d'obtenir fur eux un triomphe paffager. Si cela eft ; *ils nous le rendent tous les jours !*

§. XXIII.

Du Panthéïsme.

I.

Sı l'on entend par la Nature, le vaste assemblage de tout ce qui existe ; il est évident, que ce n'est point hors de la Nature qu'il faut chercher la Divinité. Il n'y a rien qui ne soit compris dans la somme universelle. Ne pensons pas cependant, que Dieu soit la Nature. Dieu est un Etre parfait, un Etre sans bornes ; qui existe avec les Créatures, qu'il a tirées du néant, qui en est très-distingué ; mais qui se trouve nécessairement dans la totalité des choses. Détestons l'erreur de ces Philosophes, qui veulent bannir de la Nature, la Substance infiniment infinie, sans laquelle les autres substances ne pourroient exister ; qui resserrent le Grand

(265)

Tout dans l'étroite enceinte de la Matière; qui aiment mieux adorer la boue,
qu'ils foulent sous leurs pieds, que l'E-
tre suprême & parfait ; dont la puissance
les a élevés à l'éxistence ; dont la sagesse les éclaire ; dont l'amour les anime
& les conserve ; tandis qu'ils blasphêment
ses Attributs !

§. XXIV.

Du Théisme, de l'Optimisme, & des Causes finales.

I.

J'AIMEROIS mieux croire un Dieu, sur l'autorité des autres hommes ; que de douter de son existence sur les frivoles raisons que je trouve dans les écrits diffus de nos Athées !

II.

Il est évident que c'est un désordre monstrueux, de refuser à l'Etre infini le culte qu'il exige de moi ; supposé qu'il éxiste, & qu'il demande de moi quelque chose. Donc, la crainte de manquer de respect à un si grand Etre ; l'horreur d'un crime, dont la malice est inappréciable ; doit ajouter un poids immense à de simples probabilités qu'il éxiste, ou qu'il a parlé ; quand même

(255)

je n'aurois que des probabilités ? Elles
devroient l'emporter fur ce qui, de
l'autre côté, ne feroit pas démonſtration
rigoureuſe & géométrique ! Oui, je le
foutiens, avec toute la confiance que
peut inſpirer la vue de la vérité : *l'honnête homme éclairé fera néceſſairement
Chrétien.*

I I I.

Il eſt impoſſible de corrompre l'idée
de l'Etre parfait. L'Homme en fanté,
& l'homme malade ; le caractère bouil-
lant, & le tempérament flegmati-
que ; lorſqu'ils penſent à un Corps,
conçoivent tous une ſubſtance étendue : s'ils penſent à l'Etre parfait, ils
ne peuvent le concevoir imparfait.

I V.

La Foi de l'Egliſe Catholique, ne va-
ria jamais : les Incrédules eux-mêmes
nous reprochent que nous ſuivons aveu-
glément les opinions de nos Peres.

V.

Les preuves que nous donnons de l'exiftence divine, font foibles, dites-vous ! Qu'eft-ce donc qu'une preuve ? Qu'eft-ce qu'une démonftration ? Eft-ce un paralogifme ? Je conviendrai que nous ne démontrons , que nous ne prouvons rien. Suffit-il de nier des principes évidens , pour les anéantir ? J'avouerai que vous avez renverfé la Religion de fond en comble.

V I.

On nous affure ; » que du rapport » conftant, que font les fens bien con- » ftitués , réfultent l'évidence & la cer- » titude, qui feules peuvent produire » une pleine conviction «. Mais quelle régle pour juger quand les fens font bien conftitués ? Il faudra toujours recourir à une autorité fupérieure, à l'autorité de la Raifon. C'eft ainfi qu'elle fe

(257)

joue de ſes ennemis , & qu'elle les
ramene à ſes pieds.

V I I.

On ſuppoſe gratuitement que notre
Dieu eſt un amas de contradictions :
on nous ſoutient que nous le ſentons
nous-mêmes ; que nous ſommes forcés
d'en convenir dans le ſecret de notre
conſcience : on nous le ſoutient , quoique nous proteſtions le contraire : on
en appelle à la bonne-foi , à la ſincé-
rité , à la Vérité. Enſuite on conclut que
Dieu n'exiſte donc pas ; vu qu'un Etre
contradictoire eſt une Chimère. Voilà
comme la nouvelle Philoſophie démons-
tre ſes paradoxes !

V I I I.

N'eſt-il pas bien étonnant , que le
même Incrédule prétende à la fois ;
« que l'exiſtence de l'Etre le plus im-
» portant à croire & à connoître , n'a
» pas même pour elle la probabilité « ;

& que le fyftême du Fatalifme eft démontré avec évidence ?

I X.

Une intelligence infinie peut penfer
à toutes chofes en même tems : elle
voit d'un regard éternel tous les événemens paffés, préfens & à venir. Dieu
contemple fon effence ; & fans jamais
ceffer de fe connoître lui-même, il em-
braffe dans fa penfée tous les ouvrages
exiftans & poffibles. Il gouverne le
monde par des Loix fages & conftan-
tes : il fçait tous les effets qui doivent
en réfulter : il ne s'écarte jamais de ces
Loix, que pour les raifons les plus graves. Mais la raifon de juftice, eft toujours grave pour l'Etre parfait. Si une
Fourmi eft capable de douleur, il faut
affurer fans crainte, que Dieu la dédommage de celle qu'elle a foufferte in-
nocemment. Sous un Dieu fouverainement jufte, revêtu d'une intelligence
& d'une puiffance infinies ; il eft im-

possible qu'un être innocent souffre, sans
être pleinement dédommagé. Dieu ar-
rêteroit plutôt le cours des astres ; abro-
geroit plutôt toutes les loix physiques ;
laisseroit plutôt retomber l'Univers dans
son premier néant ; que de le permettre ! Il n'est donc pas immuable, ré-
pétez-vous sans cesse ? Et moi, je vous
réponds, que cela même est une preuve
de son immutabilité. C'est une preuve
qu'il aime l'ordre constamment, invinciblement. Au reste, tout est tellement
arrangé ; le plan de l'Univers est si bien
conçu ; que les exceptions aux Loix générales sont très-rares. Foible mortel !
Qui êtes-vous, pour juger l'Etre parfait ?
Méditez respectueusement sa conduite, &
jamais vous n'en serez scandalisé ! Vous
trouverez des raisons ; & quand vous
n'en trouveriez point, vous serez convaincu d'avance qu'il y en a. La seule
contradiction manifeste & palpable,
pourroit excuser vos blasphêmes : où est-
elle ?

X.

L'Etre fage a tout prévu. S'il eft néceffaire, s'il eft convenable qu'il y ait
des exceptions aux Loix générales qu'il
a pofées ; il a réfolu & ordonné ces
exceptions de toute éternité. Donc, il
eft inutile de le prier ? Indépendamment de nos prieres , les chofes auroient
été comme elles iront ? Mais, remarquez que la même intelligence, qui a
prévu l'utilité d'une exception à fes
Loix, a connu auffi de toute éternité
les prieres qui la lui demandent. Elle
les a exaucées de toute éternité. Ces
prieres ont rendu , quoique futures ,
le miracle convenable pour le tems où
elles devoient être offertes à l'Etre bon.
Vous êtes libres de prier, ou de ne pas
prier : mais vous n'êtes point libre de
tromper la divine préfcience , qui connoît éternellement vos actions , foit libres , foit néceffaires. En vain vous
creufez des précipices, ou vous rouvrez

ceux qui étoient comblés depuis plus de mille ans : nous tâcherons de n'y pas tomber.

X I.

Dieu n'a point de paffions. C'eft l'a-mour de l'Ordre qui l'engage à donner à l'homme la liberté ; à le récompen-fer, s'il a été vertueux ; & à le punir, s'il a été rebelle. Il eft de l'Ordre que fon ouvrage honore fa miféricorde & fa juftice, ainfi que fes autres attributs : il doit donc permettre le péché ; quoi-qu'il ne doive point influer dans les crimes de fes Créatures. Son infinité lui défend de multiplier fes Loix, pour empêcher le mal moral. Ses démarches font d'un trop grand prix, pour qu'il les regle uniquement fur nos caprices. L'Ordre immuable veut que l'on efti-me les êtres, à proportion des perfec-tions dont ils font ornés. Ainfi toutes les actions de Dieu découlent du même principe, de fon amour conftant pour

l'Ordre ; elles ne font jamais dictées par
la paffion.

XII.

Si nous vivons fous l'empire d'une
aveugle Deftinée ; je ne fçais plus à quoi
m'en tenir. Qui m'a dit, que je ferai
anéanti à la mort ? (*) Qui m'a dit,
que je ne pafferai pas d'un état malheureux, à un état plus malheureux
encore, & cela pendant toute l'éternité ?
Mais s'il exifte un Etre parfait, une
intelligence, une puiffance, une juftice
infinies ; je me confole aifément : mon
malheur ne fçauroit être que mon propre ouvrage ; je ne ferai jamais puni,
que de l'abus de ma liberté. Au contraire ; lorfque je me foumets à la vertu, je fuis certain de la récompenfe.

____

(*) *Penfées Anti-Philofophiques.*

XIII.

L'homme n'eſt point l'unique fin de la Création. Voilà pourquoi nous le voyons alternativement dans les plaiſirs & dans la douleur. Voilà pourquoi il y a tant d'irrégularité dans le monde moral, & dans l'Univers phyſique. C'eſt Dieu lui-même qui eſt la Cauſe finale de toutes choſes : les autres fins ſont ſubordonnées à celle-là. Son ouvrage diviniſé par la préſence de Jeſus-Chriſt, le glorifiera également ; ſoit que ſes Créatures ſe réuniſſent pour le louer, ſoit que le plus grand nombre l'outragent & le blaſphêment. Si, par notre faute, ſa bonté brille moins ſur nous ; ſa juſtice éclatera davantage. Les déſordres de la Nature phyſique ne ſont pas toujours des maux aſſez grands, pour obliger Dieu à multiplier ſon action, ou à corriger les Loix dont ils ſont des ſuites inévitables.

X I V.

L'Optimisme, du moins celui de Malebranche, est trop raisonnable, pour que je lé condamne, sur la parole de ceux qui ne l'entendent point. Voici en quoi il consiste : Dieu connoît éternellement tous les mondes possibles, & toutes les voies de les produire & de les gouverner. Il a été parfaitement libre de créer ou de ne pas créer ; parce qu'il se suffit pleinement à lui-même. Mais une fois résolu de tirer quelque chose du néant ; il a dû choisir le système, où les perfections de son ouvrage comparées aux moyens qu'il employe pour l'exécuter, donneroient le tout le plus digne de son Auteur. Ainsi il est évident que les Loix de l'Univers doivent être simples & fécondes. D'après ce principe, on demande aux Incrédules s'ils sont bien certains ; qu'il y ait un autre système possible, où l'on eût vu moins de désordres & plus de

beautés

beautés dans l'Univers; sans que la mul-
tiplicité des. Loix , ou des exceptions à
ces Loix , diminuât trop le prix de tout
l'enfemble aux yeux de l'Etre parfait ?
Ils ne démontreront jamais la poffibi-
lité d'un pareil fyftême. Donc , les objections qui naiffent des défordres de ce
monde , fe diffipent entierement à la
lumiere de l'Optimifme. Au refte qu'on
s'en fouvienne ; Malebranche ne dit pas
en général ; *Tout eft bien.*

De plus , il n'y a nulle équité à prétendre , que la Religion foit refponfa-
ble de toutes les opinions, que l'on foutient parmi nous. L'Eglife tolere les erreurs même; lorfqu'elles ne font point
contraires aux dogmes de la Foi.

X V.

La vie n'eft qu'un point relativement
à l'éternité. Quoique Dieu laiffe quelquefois ici-bas la vertu dans les larmes;
il n'eft pas moins certain qu'il l'aime,
& qu'il la couronnera dans un autre

Monde. On conçoit facilement que l[es]
douleurs passagères que nous essuyon[s]
sont pour nous une source de mérite[s]
mais il est impossible que l'Etre parfa[it]
ne fasse pas tôt ou tard justice à s[es]
Créatures. Et lorsqu'il les récompensera
il les récompensera en Dieu, c'est-à-
dire, infiniment. Ses bienfaits doiven[t]
porter l'empreinte de la main qui le[s]
accorde. C'est l'Etre sans bornes qui nou[s]
témoignera son amour : nous seron[s]
donc heureux à jamais!

X V I.

Les biens dont nous jouissons ici-bas
démontrent que l'Auteur de l'Univers
n'est pas souverainement méchant. Ces
biens nous rendent heureux, du moins
en quelque maniere. Dieu compte donc
la bonté parmi ses Attributs. Mais tout
ce qui est en Dieu, est infini. Donc, sa
bonté, considerée dans sa substance, n'a
point de bornes.

XVII.

Les Déistes ont contr'eux les partisans de la Révélation : l'Athée a contre lui les uns & les autres. C'est ainsi que nos ennemis viennent quelquefois à notre secours !

XVIII.

L'Athéisme plonge nos esprits dans un vuide affreux. Quand je n'aurois qu'un fil pour me soutenir au-dessus de l'abîme ; pourquoi voulez-vous le rompre ?

XIX.

» Nulles opinions ne seroient dan-
» gereuses, si ceux qui les adoptent ne se
» croyoient pas obligés en conscience
» de persécuter, & n'en avoient pas le
» pouvoir «. Or, selon les principes de la Religion Chrétienne, nous nous croyons obligés d'aimer tous les hommes, loin de nous faire un devoir de

les perſécuter jamais. L'Egliſe n'a ſur ce
monde aucune autorité qui puiſſe vous
faire ombrage. Nos Princes, en qui réſide le pouvoir ſuprême de la ſociété,
ne puniſſent les opinions, que lorſqu'elles
troublent la tranquillité publique. Avouez
donc que le Chriſtianiſme n'eſt point
dangereux ?

X X.

Les Miracles ſont des effets, qui,
vu les circonſtances où ils ont été pro-
duits ; le peu d'apparence d'en trouver la
Cauſe dans les Loix phyſiques que nous
connoiſſons ; & poſé l'idée d'un Etre ſou-
verainement parfait, dont ils nous prouvent moralement la volonté ; doivent
perſuader tout homme raiſonnable, &
ami de ſes devoirs. Le reſpect infini que
mérite l'Etre ſuprême ; ajoûte un poids
immenſe à ces preuves, & leur donne
la force des démonſtrations les plus évi-
dentes. C'eſt ainſi que, pour obéir à mon
Prince ; je n'attendrai pas, ſi je ſuis bon

citoyen, que ſes Ordres me ſoient géo-
métriquement conſtatés.

X X I.

Dieu fait le moins de Miracles qu'il
eſt poſſible ; ainſi il honore ſon infinité :
il en opere autant qu'il eſt néceſſaire ;
ainſi il honore ſa bonté, ſa juſtice. Mais
il n'eſt abſolument immuable que dans
ſa ſubſtance, & dans l'amour qu'il a
pour l'Ordre eſſentiel ; la Loi inviolable
& ſuprême de toutes les intelligences.

§. XXV.

Des Notions de la Divinité.

I.

LA Morale a pour objet, de rendre l'homme heureux non-feulement fur la terre, mais dans un autre monde qui ne finira point. Et la route qu'elle nous marque, eft la foumiffion à la Loi univerfelle, l'Ordre immuable & néceffaire. Dieu lui-même eft foumis à cette Loi: & il employe fa puiffance infinie, pour récompenfer ceux qui la refpectent, & punir ceux qui la méprifent.

II.

Un Dieu qui auroit toutes les autres perfections, excepté la Juftice, ne feroit point aimable. Au contraire, plus l'Etre fuprême eft jufte, plus il eft digne de notre amour. Sous fon empire, le méchant n'eft malheureux qu'autant qu'il le veut ; mais la vertu n'a rien à craindre , & tout à espérer. Ainsi l'Etre souverainement parfait, manqueroit plu-tôt, s'il étoit possible , à tous ses autres attributs, qu'à sa justice; puisque, dans cette supposition , il seroit plus aimable, plus Dieu en un mot.

III.

» Soyez parfaits comme votre Pere » céleste est parfait «, disoit Jésus-Christ à ses Disciples, & en leur personne à tout le genre humain. Or si nous con-sultons l'idée de la perfection suprême ; nous trouverons que Dieu fait pour nous , tout ce qu'il peut faire , sans vio-ler l'Ordre. Faisons donc pour nos sem-blables , tout ce que nous pouvons faire sans devenir injustes. La Raison & la Religion nous montrent l'équité com-me l'attribut dont l'Etre suprême est le plus jaloux : tâchons de l'exprimer dans notre conduite ; & nous approcherons de notre divin modéle, autant qu'il est

permis à des Créatures. Ne nous mê-
lons point de punir les crimes : laiſſons
ce ſoin aux Princes, qui ont miſſion de
Dieu & de la Société. Telle eſt notre
morale !

I V.

Dieu aïme l'ordre invinciblement :
il veut donc que le crime ſoit puni.
Son Fils daigne ſe revêtir de la Nature
humaine : il offre volontairement ſa vie
pour expier nos offenſes, dont la malice eſt infinie. Ainſi Dieu, ſans ceſſer
d'aimer l'Ordre, ſans devenir injuſte;
peut nous rendre la félicité que nous
avions perdue par notre faute. Dieu ne
dit-il pas : » Qu'il ne mange point la
» chair des victimes ? qu'il ne ſe dé-
» ſaltere point dans leur ſang « ? S'il a ordonné des ſacrifices, c'étoit pour retra-
cer continuellement à ſon peuple, &
à tous les peuples de la terre, le grand
Holocauſte, qui devoit être offert un
jour ſur le Calvaire. Depuis qu'il eſt

confommé, tous les facrifices fanglans
ont difparu. C'eft la figure, qui de-
vient inutile lorfqu'on poffède la Réalité.

V.

Nous convenons qu'il y a eu un
très-grand nombre de Chrétiens, qui
ont mené une vie indigne de ce nom,
& fort oppofée aux maximes de l'Evangile. Ils euffent fait pis encore, s'ils
n'euffent point cru la Religion ! Je foutiens du moins, qu'ôté la Religion de
l'Univers ; il fe fût commis des millions
de crimes, qu'elle a empêchés. Pour
me prouver le contraire, il faudroit
qu'on pût me citer un autre monde
auffi vieux que celui-ci, & où toutes
les circonftances fe trouvant parfaitement
femblables, excepté la notion de la Divinité qui en feroit bannie, on me fît
voir que les chofes ont toujours été
mieux, que fur la terre que nous habitons.

M 5

VI.

Il ne suffit pas de croire nos dogmes, & de pratiquer nos cérémonies, pour obtenir le pardon de ses crimes. La Religion exige absolument, que le cœur du coupable soit changé. C'est une vérité, que nous ne cessons de répéter aux enfans dans nos Catéchismes.

VII.

A entendre l'Athée, c'est lui qui, après soixante siécles de profonde ignorance, nous a enfin découvert la Nature de l'Homme. Que nous en dit-il donc ? Que l'Homme n'est qu'une machine !

VIII.

L'Eglise a toujours fait gloire d'obéir aux Souverains. Jesus-Christ lui a montré cet exemple : elle ne s'en écartera jamais. Elle condamne les Fanatiques.

qui, pour quelque raison que ce puisse être, croiroient la révolte permise, ou autorisée par le Ciel.

I X.

Nos Philosophes qui se vantent d'être de pures machines ; qui soutiennent que tous les hommes sont de pures machines ; accusent la Religion : de quoi ? de faire de nous de *pures machines* !

X.

Vous êtes étonnés que nous chantions dans nos Temples du Latin ; quoique le peuple ne l'entende pas. Ne peut-il pas s'occuper de Dieu pendant ce tems ? Pesez avec moi les raisons qui autorisent cet usage. N'est-il pas certain que les Originaux s'altèrent ordinairement ; que dis-je ? nécessairement, dans les traductions ? Nous croyons que nos Ecritures sont divines ; c'est-à-dire, que leurs Auteurs ont été inspirés. La

Langue Latine étant devenue univerfelle, l'Eglife adopta la traduction de
la Bible, qu'elle jugea la meilleure ;
& quoiqu'elle y reconnût un grand
nombre de fautes ; comme elles n'inté-
reffoient point le fond de la Religion ;
elle lui imprima le fceau de fon autorité, & voulut qu'on s'en fervît exclufivement dans les pays Occidentaux. Rien
de plus raifonnable. C'eft le moyen de
conferver l'Ecriture dans toute fa pu-
reté. Il feroit impoffible qu'on chan-
geât aujourd'hui un feul mot de notre
Bible, fans qu'on s'en apperçût. L'o-
bligation de la lire tous les jours, impo-
fée au Clergé, ne lui permet pas d'ignorer les textes les plus effentiels. Les Pay-
fans mêmes dont la mémoire feule agit
à cet égard, ferviroient dans l'occafion,
à conftater un paffage. La critique tireroit une grande utilité de leur fimple
routine. Ni les Copiftes, ni les Imprimeurs, ni l'ignorance, ni l'oubli, ne
dépraveront point nos Ecritures : graces

à cet ufage, que vous condamnes. Dieu, pour les maintenir dans leur intégrité, ne fera point obligé de recourir à des voies extraordinaires. Or, fi l'on auto-rifoit également les Traductions dans toutes les Langues ; n'eft-il pas évident que les contre-fens fe multiplieroient, & par conféquent les difficultés? Du refte, il n'eft point défendu aux peuples d'a-voir l'Ecriture en langue vulgaire ; & l'on ne prêche pas en Latin.

X I.

Il vaut mieux obéir à Dieu qu'aux hommes, fans doute. Mais il faut que la volonté Divine, foit clairement dé-montrée. Or, il eft démontré par tous les Miracles, qui confirment la vérité de la Religion; que Dieu nous com-mande d'honorer les Puiffances ; qu'il nous défend de nous révolter, pour quelque raifon que ce puiffe être. Tant que la Religion fera vraie ; ce devoir demeurera indifpenfable : & quand, par

impoſſible, elle ceſſeroit d'être vraie ; la
Raiſon ne nous permettroit jamais d'ê-
tre rebelles.

XII.

Je vous proteſte, que la préſence
d'un Dieu Scrutateur des cœurs, m'inſ-
pire infiniment plus de reſpect ; que la
préſence d'un Athée , quelqu'honnête
que vous puiſſiez le ſuppoſer.

XIII.

Nous ne ſoutenons pas que l'Athée
n'ait aucun motif abſolument, de s'abſtenir du crime ; mais nous prétendons
que le Déicole en a de beaucoup plus
puiſſans. Ceux qui ſe tirent des châtimens que la Société inflige aux méchans , ſont communs au Déicole & à
l'Athée. Mais ceux que nous fournit l'i-
dée d'un Dieu rémunérateur & vengeur , n'agiſſent point ſur l'Incrédule.

XIV.

» Ce n'eſt qu'en éclairant les hom-
» mes, en leur montrant l'évidence ,
» en leur annonçant la vérité , que l'on
» peut ſe promettre de les rendre &
» meilleurs & plus heureux «. Mais ,
n'attendons pas que les Athées nous
éclairent; ils ont eux-mêmes beſoin de
lumiere, plus que perſonne.

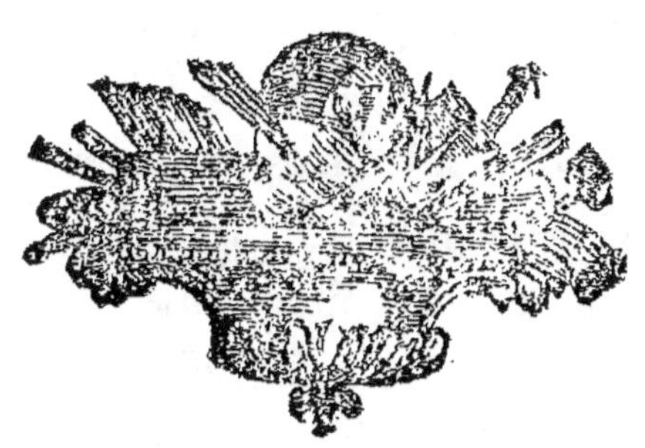

§. XXVI.

De la Théologie Morale.

I.

Dieu ne commet point d'injustice, même en passant. Nous sçavons que l'équité parfaite tient à son essence. C'est sur ce principe que nous assurons que la vertu sera tôt ou tard récompensée, & le vice puni. Mais dans le fait, l'homme vertueux souffre, au moins ici-bas, & le méchant y prospere ? Dieu commet donc des injustices passagères, & cela posé ; comment prouver qu'un Dieu, qui a été injuste une fois, ne puisse l'être cent ou mille fois ? Je vous dis que Dieu n'est jamais injuste. Je le soutiens, parce que je sçais que Dieu est l'Etre souverainement parfait. La Justice est une perfection ! Je vous dis, qu'il est impossible de démontrer qu'un seul homme ait jamais souffert, mal-

gré lui, au-delà de ſes mérites. Je vous
dis enfin, que quand vous démontre-
riez que les innocens ſouffrent volontairement ici-bas ; ce que je crois être
quelquefois très - véritable ; vous ne
prouverez point que Dieu ne les dédommage jamais, ni dans cette vie ; ni
dans un autre ordre de choſes. Cette
unique ſuppoſition ſuffit, pour mettre
la divine Juſtice à couvert de tous les
traits.

II.

La Vertu eſt une ſoumiſſion habi-
tuelle & conſtante à l'Ordre immuable,
à la Vérité. La volonté divine eſt la regle de la nôtre ; parce qu'elle eſt elle-
même réglée ſur cette Loi univerſelle
& ſuprême. Si, par impoſſible, la volonté de notre Dieu ceſſoit d'être con-
forme à l'Ordre & à la Vérité ; nous ne
devrions plus la prendre pour le modéle de la nôtre. Il eſt actuellement en
Dieu des volontés générales, auxquel-

les je puis sans crime me souſtraire.
C'eſt lui qui répand la pluie ; cela ne
m'empêche point de me mettre à l'abri ,
pour n'être pas mouillé.

I I I.

Les Miracles prouvent que Dieu a
parlé. Ces faits étonnans, opérés au
grand jour, & revêtus de mille circonſtances qui les caractériſent , ne
laiſſent aucune eſpéce de doute ſur la
vérité de la Religion. La Raiſon nous
aſſure, que ſi Dieu a parlé pour tous
les hommes ; il doit avoir établi des
interprétes de ſes oracles, qui veillaſſent
à la ſureté d'un dépôt qui appartient aux
ſiécles futurs, comme à ceux qui l'ont
reçu immédiatement dans leurs mains.
Ce n'eſt donc pas ſur ſa ſimple parole,
que nous croyons l'Egliſe infaillible , &
indéfectible à jamais.

I V.

On ne doit pas dire, que la morale n'eſt que » la ſcience des devoirs de » l'homme vivant en ſociété «. Quand il n'y auroit ſur la terre qu'un ſeul homme ; tous les devoirs ne ſeroient pas anéantis pour lui !

V.

Les principes de la morale ſont les plus ſimples & les plus clairs de tous les principes. Il ne faut pas être Philoſophe pour les découvrir : tous les hommes les connoiſſent. Quand le Sauvage mange ſon pere par piété ; ce n'eſt pas qu'il ne connoiſſe point cette maxime éternelle : *qu'il faut rendre le bien pour le bien* : mais c'eſt qu'il n'en ſçait pas faire l'application.

V I.

Vous avancez que » , d'après ſon eſſence , l'homme préférera toujours la

» vertu au vice, par la même néceffité,
» qui lui fait préférer le plaifir à la dou-
» leur » ? Nous voilà donc tous vertueux ? Ainfi pourquoi tant déclamer
contre les Chrétiens & les Déicoles!

V I I.

L'Athée nous dit : que nous fommes des inftrumens paffifs entre les
mains de la Néceffité; que nous faifons,
pour nous rendre heureux, tout ce que
nous pouvons faire ; que nous ne fommes pas les maîtres de nos actions. La
Religion nous dit : que nous fommes
libres ; que nous pouvons, fans ceffe,
augmenter la fomme de notre bonheur;
qu'il exifte un Etre fage, immuable,
juftè , tout - puiffant; qu'il tient un
compte éxact de nos actions, de nos
penfées , de toute notre conduite ; &
qu'il récompenfera , ou punira chacun
de nous felon fes œuvres. L'Athée nous
dit : que nos erreurs font inévitables ;
qu'il nous eft impoffible de juger des

choses, autrement que nous n'en ju-
geons en effet : la Religion nous exhorte
à consulter sans cesse la Raison ; à régler toujours nos jugemens sur les vrais
rapports des êtres ; elle nous fait craindre l'erreur comme la source féconde
de tous nos malheurs ; elle nous ordonne de méditer & de nous instruire ; elle
nous répete continuellement , que la
science est sur la terre le plus beau prix
de nos travaux ; que sans elle la vertu
ne peut guères se soutenir. L'Athée nous
dit : que le méchant est nécessairement
tel ; qu'il lui est aussi difficile de mo-
dérer ses passions , de se corriger de
ses habitudes , que de changer son organisation , son tempérament , les traits
de son visage. La Religion nous dit :
que les passions en elles-mêmes ne
sont point mauvaises ; qu'il faut seulement leur imposer des Loix ; que l'homme né avec les penchans les plus indo-
ciles , peut les soumettre , par le secours
de la Raison & de la Foi ; qu'il peut

devenir solidement vertueux avec un peu de courage. L'Athée nous dit : d'être sociables, justes, paisibles, indulgens, bienfaisans ; mais il nous avertit toujours que nos vertus sont nécessaires comme nos vices. La Religion nous conseille la même chose ; mais elle nous assure qu'il ne tient qu'à nous de suivre ses conseils ; elle nous montre l'exemple d'un Homme - Dieu, qui a pratiqué avant nous toutes ces vertus. L'Athée nous dit : chérissez la gloire, travaillez à vous rendre estimables ; soyez actifs, courageux, industrieux ; & souvenez-vous toujours, que vous êtes des instrumens passifs entre les mains de la Nécessité. La Religion nous dit : soyez modestes ; consacrez vos jours au service de vos associés ; occupez-vous de leur bonheur ; c'est travailler à votre propre félicité. L'Athée nous propose pour modèles de pures machines. La Religion éleve nos regards jusqu'à l'Etre parfait, à la Vertu par

essence : " soyez parfaits, nous dit-elle,
" comme votre Pere céleste est parfait !
" Voyez , il fait briller son soleil sur
" les bons & sur les méchans ; il répand
" ses pluies libérales sur les justes & sur
" les coupables ! Aimez donc jusqu'à
" vos ennemis ; faites du bien à ceux
" qui vous maudissent & qui vous per-
" sécutent ". L'Athée dit à l'époux d'ê-
tre tendre , de s'attacher à la compa-
gne de son sort ; mais à chaque instant,
il lui répéte : que les passions ne sont
que des mouvemens nécessaires *d'attraction, de répulsion, de gravitation
sur soi*! La Religion consacre le lien
conjugal ; elle montre aux époux dans
leur alliance , l'image de l'union in-
dissoluble du Médiateur avec son Eglise ; elle leur recommande la fidélité réci-
proque ; elle la leur fait promettre aux
pieds des Autels & à la face de la Société. L'Athée dit aux enfans , d'aimer,
d'honorer , d'écouter leurs parens : la
Religion leur ordonne la même chose :

elle leur défend feulement de les préférer à leur véritable Pere, à l'Etre parfait, leur Créateur. Si elle veut qu'on
leur défobéiffe modeftement, lorfqu'ils
exigent une injuftice, elle ne permet
jamais de leur manquer de refpect, ni
de les outrager. L'Athée dit au Sçavant : occupe-toi d'objets utiles ; fais des
découvertes avantageufes ; prouve que
tout eft Matière & Mouvement ; que
rien ne fe fait dans le monde, qu'en
conféquence des Loix irréfiftibles de la
Deftinée. La Religion lui dit : montre
que le Grand Tout n'eft pas un amas
de boue ; qu'il y a un Etre parfait, qui
a donné à la Matière le mouvement
& l'exiftence ; que l'homme eft un compofé de deux fubftances différentes ; qu'il
eft libre & obligé de fe foumettre à
l'Ordre immuable des chofes, à la Loi
univerfelle de toutes les Intelligences
& de Dieu même ; que ce Dieu a daigné parler au Genre humain ; que la
Raifon eft éternellement d'accord avec
la

la Foi ; que l'Athéisme est un système plein de contradictions, incapable de soutenir le regard de la Vérité. L'Athée dit au pervers ; de rougir de ses crimes : il lui fait voir que ses déréglemens les plus cachés influeront sur sa félicité dans ce monde. La Religion lui repète : » tremble dans l'attente des ju- » gemens d'un Etre suprême, témoin » de tes forfaits. Sa justice incorrupti- » ble, de la même main, punit le Vice, » & récompense la Vertu : profite du » tems qu'il te laisse encore ; répare tes » désordres autant qu'il est possible ; tra- » vaille à changer ton cœur ; & n'ima- » gine pas, qu'il suffise de te prosterner » aux pieds de ses Ministres, de faire » des offrandes ; pour obtenir le pardon » de tes excès «.

VIII.

La Religion n'est jamais en contradiction avec la saine Politique. L'Athée nous dit : vous êtes libres, quoique de

pures machines, quoique des *instru-*
mens paffifs entre les mains de la Néceffité : nulle Autorité fur la terre, ne
peut légitimement vous priver de vos
droits. La Religion nous dit : que le
Tout eft plus grand que fa partie ; qu'il
faut fçavoir dans l'occafion , faire un facrifice généreux de fes biens , de fon
repos , de fa vie même , à la Société &
aux Princes qui la gouvernent. L'Athée
nous dit : d'aimer la Patrie qui nous fit
naître , de la fervir fidélement ; de nous
unir d'intérêts avec elle , contre tous
ceux qui tenteroient de lui nuire. La
Religion nous recommande la même
chofe ; elle nous condamne ; elle nous
menace de la colère éternelle du premier Etre , fi nous manquons à ces devoirs : elle veut que nous chériffions nos
Princes comme nos Peres , plus même
que nos Peres ; que nous leur obéiffions
tant que la confcience & l'Ordre immuable ne reclament point ; elle nous
défend le murmure , la révolte ; quel-

que prétexte, quelque raison que ce puisse être, qui paroisse nous excuser. L'Athée dit aux Princes : qu'ils sont des hommes ; qu'ils n'ont rien au-dessus de leurs sujets, sinon le suffrage de la Société. La Religion leur dit : que, choisis une fois par la Société, ils tiennent parmi les mortels, la place de l'Etre souverain ; qu'ils n'ont point ici-bas de juges légitimes de leur conduite. Mais elle leur rappelle en même tems, qu'il est un Juge éternel, à qui ils doivent un jour rendre compte de leurs actions, ainsi que le plus foible, & le plus obscur de leurs sujets.

I X.

L'homme veut invinciblement être heureux dans ce monde, ou dans une vie plus durable. Les Athées ne peuvent entendre parler de vie future ; ils disent hautement : que » dans les sociétés cor- » rompues, il faut se corrompre pour

» devenir heureux «! C'eſt ainſi qu'on
nous anime à la vertu!

X.

Je ne connois point de décret émané
de l'Egliſe univerſelle contre l'Evêque
de Saltzbourg , pour avoir ſoutenu l'é-
xiſtence des Antipodes ! Ce ne fut point
l'Egliſe univerſelle ; mais l'Inquiſition
qui condamna Galilée. Deſcartes fut
perſécuté par Voëtius , & non par les
Prêtres en général. Je ne penſe pas non
plus ; que ce ſoit en conſéquence d'un
jugement de l'Egliſe , qu'il alla ſur la fin
de ſa vie à la Cour de Suéde ; mais
plutôt ſur les invitations réitérées de la
Reine Chriſtine ; qui ſe fit Catholique ,
après l'avoir entendu parler de la Religion. On peut là-deſſus , s'en rapporter
à l'Hiſtoire (*).

* * *

(*) *Vie de Deſcartes par M. Baillet.*

§. XXVII.

De la Croyance d'une Divinité.

I.

LA plûpart des hommes sont convaincus suffisamment de l'éxistence d'un Dieu : tous du moins peuvent s'en convaincre. Il n'est rien qui ne démontre cette premiere vérité. La vue du Ciel, de la Terre, d'un Homme, d'un Insecte, d'une Fleur, d'un Atôme est une preuve irréfistible pour celui qui a quelque chose de plus que des yeux. Enfin l'autorité de la plus grande & de la plus saine partie du Genre humain, est un motif auquel ne sçauroient se refuser ceux qui n'ont pas la force de raisonner par eux-mêmes. Il y a sur la terre un très grand nombre de gens solidement vertueux ; je ne dis pas parfaitement : leurs fautes légères méritent l'indulgence de l'Etre suprême ; parce qu'elles sont les

effets de notre commune fragilité. On
peut dire qu'ils remplissent les vues de
la Providence. Qu'ils soient Philosophes
ou non, peu importe ; pourvu qu'ils
soient de vrais Chrétiens. Or c'est ce
qu'il n'est pas possible de nier.

II.

Pour être convaincu de l'existence
divine, il n'est pas nécessaire de sçavoir raisonner profondément sur les Attributs de l'Etre suprême. Un homme
qui voit la nécessité d'admettre une
premiere Cause intelligente & sage des
effets divers, que nous remarquons autour de nous ; est Déicole par principe.
Au contraire, les Fatalistes ne peuvent jamais être persuadés de leurs systêmes.

III.

La Religion Chrétienne ne craignit
jamais l'examen, parce qu'elle est vraie.

Un Raisonneur de bonne foi, ne peut
la connoître sans l'adopter.

IV.

Il faut bien distinguer les opinions
Théologiques d'avec les dogmes de la
Foi. Celles-là varient souvent, se per-
fectionnent & s'alterent. Les vérités révélées ont été crues dans tous les tems,
& sont enseignées dans tous les lieux.
Elles avoient dès la naissance du Christianisme toute la fixité qu'elles ont aujourd'hui : & les Conciles généraux ne
font que les promulguer plus solemnel-
lement. Il n'en est pas de la Religion
comme des Sciences humaines ; elle
n'a point passé par l'enfance ; elle ne su-
bira point le déclin de la vieillesse ; elle
est née, pour ainsi dire, dans l'âge
mûr ; & conservera toute sa force &
toute sa vigueur jusqu'à la fin des siécles.
Qu'on lise les professions de Foi, & les
instructions de l'Eglise dans ses assem-
blées œcuméniques ; & l'on verra si sa

doctrine a jamais été incertaine & flo-
tante ! Admirez comme nous sommes
affurés de nos faits : Nous convenons
qu'il fuffiroit, de montrer des contradictions palpables entre les décrets dog-
matiques des divers Conciles Généraux;
pour renverſer l'autorité de l'Eglife, &
introduire le doute dans les eſprits. Mais
qu'on ceffe d'oppofer un Théologien à
un autre Théologien; afin que les moins
inftruits d'entre les Fidéles, ayent quelque lieu de s'imaginer que c'eft l'Eglife
infaillible qui varie.

V.

On demande ,, à tous les Théolo-
,, giens du monde, s'ils peuvent fe van-
,, ter d'avoir une connoiffance réelle de
,, la Divinité ,,? Tous les vrais Théologiens répondent : oui. On demande à
tous les prétendus Athées, s'ils peuvent
fe flatter d'avoir étouffé la Religion fous
le poids de leurs livres, & anéanti par
leurs fophifmes, l'Etre néceffaire & par-

fait ? Je sçais bien ce qu'ils devroient répondre.

V I.

Il n'est point d'homme si grossier, qu'il ne puisse être convaincu de ce qu'il faut croire, par la preuve sensible des miracles ; & instruit de ce qu'il faut praquer, par les leçons intelligibles de l'Evangile.

V I I.

Lucréce avoit dit avant nos Incrédules ; que l'ordre merveilleux de l'Univers ne prouve rien en faveur d'une Cause intelligente : *que l'œil n'a point été fait pour voir, ni les pieds pour marcher.* Pourquoi depuis que, sans avoir recours à Dieu, il a si bien expliqué la Nature, tous les siécles se sont-ils obstinés à s'écrier avec nos Auteurs sacrés : » que les » Cieux racontent la puissance & la sa » gesse de Dieu ; & que le Firmament » annonce la force & l'adresse de ses

» mains «? Image poëtique : car il faut
en avertir les Philofophes : qui exprime
que l'Univers eft l'ouvrage d'une énergie , & d'une connoiffance fupérieures.

VIII.

Dieu eft un Etre fans bornes, & nous
fommes finis. Nous pouvons le connoître imparfaitement en lui-même : mais
nous pouvons le voir fenfiblement dans
fes Ouvrages. Le monde eft une copie
infiniment défectueufe fans doute; mais
la moins défectueufe poffible des divines perfections. Dieu a fait précifément
ce que vous demandez : il a écrit
fon nom autour de nous , avec les caractères les plus lifibles pour nos foibles yeux. Hélas ! voulez-vous donc que
Dieu fe dénature; qu'il ceffe d'être infiniment parfait, avant de l'adorer ? Cela
n'eft-il pas impoffible ?

I X.

» Si Dieu est infiniment bon, quelle
» raison aurions-nous de le craindre «?
C'est répond le Chrétien, qu'il est infiniment juste! & que sa bonté infinie,
ne commence, pour ainsi parler, qu'où
cesse son infinie justice. Voulez-vous
quelque chose de plus clair? Dieu est
l'Etre souverainement parfait. Or, la
perfection suprême embrasse toutes les
Vertus. Est-ce que Dieu ne peut pas
répandre des biens infinis sur ceux qui
tâchent de l'honorer, & cependant infliger des peines infinies à ceux qui les
méritent? Sa bonté ne contredit donc
point sa justice? » S'il est infiniment
» sage, de quoi nous inquiéter sur no-
» tre sort »? Nous serions sans inquiétu-
de, si notre sort ne dépendoit que de
Dieu. Nous sommes, hélas! convaincus, que nous pouvons résister à la voix
de la conscience, aux lumières de la
Raison. Voilà pourquoi nous appréhen-

dons d'abufer de notre liberté , malgré les deffeins favorables du Dieu qui nous l'a donnée. » Si ce Dieu fçait tout ; pour-» quoi l'avertir de nos befoins, & le fa-» tiguer de nos prieres « ? Nous ne pré-tendons pas, en le priant, lui rien ap-prendre de nouveau : nous voulons lui fournir des motifs de nous accorder nos demandes. Nous l'invoquons par notre grand Médiateur, auquel il ne refufe jamais rien. Si nous ne fommes pas toujours exaucés ; c'eft que Jefus-Chrift n'avoue pas toujours nos prieres. » Si » Dieu eft par-tout , pourquoi lui éle-» ver des Temples « ? Pour nous mar-quer fenfiblement fa préfence : nous ac-compliffons les defirs d'un Philofophe moderne ; qui voudroit que dans tous les cercles, il y eût un fiége pour Dieu ; il ne croit pas fans doute, que Dieu doive venir s'y affeoir ? » Il eft le maî-» tre de tout ; pour quoi lui faire des » facrifices & des offrandes « ? Cè n'eft pas pour l'enrichir , mais pour protefter d'une maniere folemnelle, que nous tenons tout de lui. Nous croyons qu'il y a en Dieu trois Perfonnes égales; que la feconde s'eft incarnée; que fon corps eft l'unique victime digne du Ciel. D'après cette ferme perfuafion, vous voyez que le facrifice n'eft point illufoire. Le Verbe a fur le corps & l'ame qui lui font unis perfonnellement à lui feul, une efpéce d'autorité qui ne lui eft point commune avec le Pere & l'Efprit divin. Il peut donc offrir fon corps, l'immoler réellement ? » Mais Dieu eft jufte ; comment croire » qu'il puniffe des Créatures remplies » de foibleffes «? Quelle que foit notre foibleffe; il nous eft libre de choifir entre le bien & le mal. » Si fa » grace fait tout en nous, quelle raifon » auroit-il de nous récompenfer «? Il en a des raifons ; fa grace ne fait point notre confentement. » Il eft tout-puif- » fant, comment l'offenfer «? Sans doute, que nous ne fçaurions le faire fouf-

frir ; le rendre malheureux ; nous révolter contre ses décrets absolus ; mais
nous pouvons désobéir à l'Ordre immuable des choses, à la Loi suprême, à laquelle lui-même est soumis. Or il doit
punir ces désobéissances. » Si Dieu est
» raisonnable, comment se mettroit-il
» en colere contre des aveugles, à qui
» il a laissé la liberté de déraisonner « ?
Précisément parce qu'ils veulent déraisonner, & agir en conséquence. » S'il
» est immuable, de quel droit préten-
» drions-nous faire changer ses decrets « ? Nous ne prétendons pas les
faire changer ; lorsqu'il nous exauce,
c'est par un acte éternel de sa volonté,
qui avant tous les tems a été fléchie
par nos prieres. » Si ce grand Etre est
» inconcevable ; pourquoi nous en oc-
» cuper » ? Il n'est point inconcevable ; mais incompréhensible. Je connois
l'Infini, quoique je ne puisse le comprendre. » Si Dieu a parlé, pourquoi
» l'Univers n'est-il pas convaincu « ?

Parce qu'il est des hommes qui ne cherchent pas de bonne foi la vérité. » Si la connoissance d'un Dieu est la » plus nécessaire ; comment n'est-elle » pas la plus évidente « ? Je ne vous accorde point, qu'elle ne soit pas la plus évidente pour ceux qui se sont occupés de lui suffisamment ? Sentez-vous que ces difficultés n'effrayent que par le nombre ?

X.

» O Dieu ! dira l'Athée , qui espérant au moment de sa mort s'endormir pour toujours, se trouvera en la présence de l'Etre parfait, qu'il aura méconnu & négligé pendant sa vie : » O » Dieu ! que j'ai si souvent & si témérairement blasphêmé! Reçois maintenant les hommages infructueux de » ta rebelle Créature ! Je ne t'accuse » plus de m'avoir donné une liberté , » dont j'eusse pu me servir comme tant » d'autres pour t'honorer, & devenir

» heureux. J'aimerois mieux sans doute,
» à ne considérer que moi, n'être ja-
» mais né ; que d'avoir joui de la lu-
» miere. Mais tu ne devois pas, ô Etre
» infini, former tes décrets éternels sur
» mes caprices insensés ! Hélas ! je pou-
» vois te connoître ; je t'ai connu mê-
» me assez, pour ne point t'outrager
» sans remords ! Je conviens à la face
» de ta Justice & de l'Ordre immua-
» ble ; que j'ai mérité les peines que je
» vais subir : & quelque triste que soit
» mon partage ; j'aime encore mieux
» expier mes crimes sous la main de
» ta puissance équitable, que d'être,
» comme je le répétois sans cesse, un
» *instrument passif entre les mains de la*
» *Nécessité* ! Je suis certain, ô Justice
» souveraine, que mes douleurs n'ex-
» céderont point l'abus que j'ai fait li-
» brement de tes faveurs : mais sous
» l'empire de la Fatalité, il n'y a que
» confusion. O vous ! qui n'avez pas
» prêté l'oreille à mes sacriléges raille-

» ries ! vous que j'approuvois malgré
» moi ! jouissez du bonheur que le Pere
» commun me destinoit ainsi qu'à vous ;
» & dédommagez-le à jamais avec le
» grand Médiateur, votre Sauveur &
» mon Juge « !

X I.

Nos Incrédules craignent apparemment que leurs conversions, au lit de
la mort, ne scandalisent leurs amis. Ils
nous avertissent, qu'elles sont toujours
l'effet du dérangement de leurs cerveaux !

XII.

Si Dieu nous comble de faveurs ;
nous lui devons de la reconnoissance.
Nos remercimens, nos actions de graces, ne peuvent le rendre plus heureux ;
mais il est de l'Ordre que la reconnoissance marche fidélement à la suite du
bienfait : & Dieu aime l'Ordre invinciblement.

XIII.

» En faisant attention au petit nom-
» bre des Elus , & au grand nombre des
» réprouvés ; quel est l'homme de sens,
» qui, s'il eût été le maître , eût consenti
» à courir le risque de la damnation éter-
» nelle » ? Vous peut-être le premier.
Mais cette question est inutile ; l'homme
est l'Artisan libre de son malheur. Du
reste Dieu n'a point dû l'appeller à son
Conseil suprême. Il n'a point dû régler sa
conduite uniquement sur les caprices insensés de sa Créature.

§. XXVIII.

De l'Impiété.

I.

Après avoir fait tant d'efforts, pour renverser le thrône de la Religion; il ne reste à l'Athée que le pénible sentiment de son impuissance : il convient que le thrône de la Religion paroît inébranlable !

II.

Qu'est-ce qu'un Athée ? C'est un homme qui prend la Matière pour l'Etre infiniment parfait ; qui se méconnoît & la Nature ; qui la regarde comme une grande machine existante par elle - même, & dont il est une roue infiniment petite ; qui doit, pour soutenir son système, poser entr'autres ces principes fondamentaux :

que le Tout n'est pas plus grand que sa partie ; & qu'une somme infinie n'est point inépuisable.

I I I.

» Notre Dieu, si l'on en croit l'A-
» thée, est un être dont on peut tout
» nier, & dont on ne peut rien affir-
» mer « ! A ces traits, nous ne reconnoissons pas notre Dieu ; mais le sien !

V I.

Procéder du connu à l'inconnu, c'est la marche de la Raison ; mais non pas celle des Athées. » Vous adorez ce que
» vous ignorez , pourroit-on leur dire ;
» & nous adorons nous , ce que nous
» connoissons; ce que l'évidence nous
» découvre. La Matière, selon vous-mêmes , dérobe son essence à vos re-gards : l'Etre infini & parfait s'offre par-tout à nos esprits. Si l'Infini n'existoit point ; le monde ne pourroit subsister

(309)

un inftant. Il faudroit dire que le néant
l'environne ; qu'il lui eft contigu de
toutes parts : ou l'abfence du néant feroit la préfence de quelque réalité ultérieure. Mais fi l'Infini exifte , il eft
fimple ; il eft infini en une infinité de
manières ; il eft fouverainement parfait :
car il eft impoffible que fa fubftance foit
compofée de parties ; impoffible qu'elle
réfulte d'un affemblage de réalités , entre lefquelles il regne une diftinction
véritable.

V.

Nos Théologiens font des impies, felon les Athées ; & non pas ceux qui ne
croyent point Dieu !

V I.

Si par Athée » l'on entend des Rai-
» fonneurs, qui n'apperçoivent , & ne
» peuvent appercevoir, que de la Ma-
» tière effentiellement active & mobile,
» diverfement combinée, jouiffante par

: elle-même de diverses propriétés, &
: capable de produire tous les êtres que
: nous voyons ". Je soutiens qu'il n'y
a pas un seul Athée dans l'Univers,
qu'il n'y en a jamais eu, & qu'il n'y
en aura jamais.

VII.

Paschal est Athée quand je le lis dans
nos Incrédules ; mais quand j'ouvre ses
ouvrages , je le retrouve toujours bon
Chrétien !

§. XXIX.

De la Morale des Athées.

I.

Il reste à l'Athée des motifs puissans de s'abstenir de bien des crimes ; mais le Déicole en a d'infiniment plus forts, d'éviter jusqu'aux moindres désordres. Supposé qu'il n'y eût point de Dieu ; l'Athée de bonne foi devroit toujours demeurer soumis à l'ordre immuable, à la Loi universelle & suprême de toutes nos actions. Il devroit desirer qu'il y eût un Dieu, une intelligence juste & puissante, éternelle & immuable, amie de la Vérité & de la Vertu, infaillible dans ses jugemens. Il devroit préférer son empire équitable à l'aveugle domination de la Nécessité. Mais tous les devoirs qui découlent de l'ésistence démontrée de ce grand Etre, seroient nuls pour lui, dans cette extravagante supposition. La Sanction que la Société attache à certain crimes, l'effrayeroit sans doute, le retiendroit; s'il avoit reçu des passions dociles & modérées. Mais que ce frein seroit foible pour un tempérament né violent & fougueux! Si, malgré la crainte d'un Dieu vengeur, la terre est maintenant souillée de vices; quelles abominations, quels forfaits ne seroient point les suites d'un systême, où le méchant n'a pas plus à craindre au sortir de cette vie, que le mortel le plus vertueux? Non, ne prêtons point aux Athées des fureurs sans bornes! Mais représentons-leur, que l'homme n'obéit pas toujours à la Vérité connue; & qu'en diminuant infiniment la Sanction des crimes, ils augmentent ici-bas le nombre, déja trop grand, des criminels. Ils se plaignent qu'on les injurie? Eh bien! accordons-leur

leur sur ce point tout ce qu'ils nous demandent : ne les imitons pas. Il sied
aux défenseurs de la Vertu & de la Vérité, d'être, s'il est possible, aussi tranquilles, aussi impassibles qu'elles !

II.

L'Athée, qui se flatte de connoître
la Nature & ses Loix, n'en connoît cependant guères, que les Noms. La
Matière n'est qu'une portion infiniment
petite de la Nature ; & les régles du
Mouvement ne sont pas même du nombre des Loix essentielles.

III.

L'Athéisme, est trop contraire aux
Notions communes, pour être adopté
par une multitude : les Peuples deviendront plutôt Idolâtres qu'Incrédules. Si ce Systême n'a point causé de

révolutions dans le monde ; il n'en faut pas être étonné. Il n'eut jamais que peu ou point de Sectateurs. C'est encore un problême aujourd'hui pour beaucoup de gens ; de sçavoir s'il a existé de vrais Athées.

§. XXX.

Des Motifs de l'Impiété.

I.

Il faudroit avoir vu des Sociétés uniquement composées de Mécréans, pour être en état d'assurer jusqu'à quel point l'Ordre peut s'y maintenir. Or, il n'y a pas d'apparence que nos Philosophes puissent faire jamais cette expérience décisive. La Raison n'abandonnera pas assez nôtre espèce, pour que les Athées deviennent parmi nous le parti dominant. Retournons donc à la lumiere des Principes. Une Loi qui est soutenue de deux Sanctions, doit naturellement être mieux observée, que si elle n'étoit appuyée que sur une seule. Donc les Athées qui ravissent à l'Ordre immuable la Sanction d'un Dieu suprême, ouvrent le plus vaste champ à tous les crimes.

Si virtutis eras avidus, Rectique Boni-

que tam sitiens ; quid Relligio tibi san-
cta nocebat ?

I L.

Tout est nécessaire, selon les Athées.
Les troubles, les crimes, les carnages,
les révolutions, sont une suite inévitable des Loix de la Nature. Ils devroient donc bien détester cette Nature, qu'ils préconisent ; puisqu'ils se
croyent en droit de vomir tant de blasphêmes contre l'Etre parfait, qu'ils supposent faussement être la Cause de tous
ces désordres. Mais, diront-ils : Nous ne
nous fâchons point contre la Matière ;
parce qu'elle est une Cause aveugle, des-
tituée de malice ainsi que de bonté.
J'entends. Elle ne vous en fait pas moins
de mal. Elle traite également l'homme
vertueux & le scélérat. Vous ne sçavez
où finiront vos malheurs : vous ignorez
s'ils finiront ! Votre sort est beaucoup
plus triste que le mien ! Je crois un
Etre Parfait, dont les Attributs ne souf-

frent pas qu'il dérange , pour l'inſtant,
le cours des Loix phyſiques ; mais qui
ſçaura me dédommager abondamment
de ce que je ſouffre ici-bas , dans une vie
qui ne ſera plus ſoumiſe à la douleur.
(*) Je le répéte : je trouve de l'équité
juſques dans les Enfers : mais ſous l'empire de votre Néceſſité, je ne vois qu'injuſtice & confuſion !

I I I.

Si Dieu étoit tel que les Athées me
le dépeignent ; je ceſſerois de l'aimer. Mais de bonne foi ! les Athées
ſont-ils croyables en matière de Théologie ?

I V.

Il eſt démontré qu'il exiſte un Etre
infini : nous concluons de ſon infinité,
que des eſprits bornés ne peuvent le
comprendre. Mais ſa ſubſtance n'eſt

______

(*) *Penſées Anti-Philoſophiques.*

point inintelligible. Je puis aſſurer de
Dieu , tout ce que la Raiſon me dit
appartenir à la Réalité ſuprême & abſolument parfaite. Je puis en aſſurer auſſi
les Attributs que Dieu lui-même a ré-
vélé qu'il poſſédoit. Sçachant que ſa Nature eſt incompréhenſible pour moi ;
qu'elle eſt infiniment plus vaſte que ma
penſée ; je crois facilement ſur ſa parole infaillible , des vérités qui ne con-
trediſent point celles que je connois
d'ailleurs. Mais il faut que je ſois bien
certain , que Dieu ne peut nous tromper, ce que la Raiſon me fait voir évidemment ; il faut encore que je ſois
bien certain qu'il a parlé, ce qui m'eſt
démontré par une multitude de miracles publics, & ſolemnels. C'eſt ainſi
que je me défends de l'Impoſture. En
un mot : je n'adore , dans l'Etre ſuprême, que les perfections, que la Raiſon & une Foi ſage me découvrent dans
ſon eſſence infinie. Ne craignez donc
pas qu'à la faveur de ſon incompréhen-

fibilité, on me faffe jamais croire des chimères.

V.

Tout homme eft obligé de tenir fa parole : C'eft fur la confiance mutuelle, que repofe le vafte édifice de la Société. Le Menfonge en attaque les fondemens ; & s'il ne les fappe pas tout d'un coup, il les mine infenfiblement, & peu à peu. Nous nous croyons obligés à la fidélité, envers tous nos femblables, envers tous les hommes, fans exception. La fainteté du ferment rend nos promeffes, lorfque d'ailleurs elles ne font point évidemment injuftes, encore plus inviolables. L'intervention de l'Etre fuprême dans nos engagemens, leur donne une folidité, dont ne peuvent jouir les contrats entre Athées !

VI.

Les Incrédules d'autrefois, nous objectoient que les Sauvages n'ont aucune idée de la Divinité. Souvent nous leur accordions ce fait ; & nous nous contentions de leur montrer, qu'on n'en peut rien conclure contre la Religion. Mais nos Athées leur eussent répondu pour nous, d'une maniere plus directe. Car ils prétendent que les Sauvages, plus ils sont maltraités de la Nature ; plus ils sont incapables d'Athéisme. Qui a raison des Incrédules modernes, ou de leurs devanciers ? Je ne m'en mets pas fort en peine.

VII.

Le Chancelier Bâcon soutient, » que » peu de Philosophie dispose à l'Athéis- » me ; mais que beaucoup de profon- » deur ramene à la Religion «. Je trouve cette proposition assez véritable, & surtout très-intelligible. Mais j'avoue que

je n'entends pas le commentaire des Athées. » La proposition de Bâcon, di-
» sent-ils, ne semble indiquer rien, si-
» non que les personnes les plus habi-
» les ne peuvent se défendre des illu-
» sions de leur imagination, dont l'im-
» pétuosité résiste aux raisonnemens les
» plus forts «. Je concluerois seulement
une chose : c'est que les Commenta-
teurs, de leur aveu, doivent être souvent dans l'illusion. Car ils se mettent
sans doute au nombre des habiles.

§. XXXI.

Du Code de la Nature.

I.

Non, je le répéte : l'utile n'est jamais la mesure du vrai. Il n'est que trop certain que le Genre humain n'est point parfaitement heureux ; on ne sçauroit dire que cela lui soit utile. Vous-mêmes, ô Athées, vous convenez que l'homme vertueux, est dans le cas de souhaiter qu'il existe un Dieu rémunérateur. Donc rien de plus funeste que votre Systême ? il est effrayant pour les ames honnêtes ! Est-ce l'intérêt des Méchans qui est la régle de vérité ?

II.

L'Athée nous promet la liberté ; il nous la promet avec enthousiasme, au nom de la Nature qu'il ne connoît point.

(323)

Mais quelle liberté peuvent donc espérer de *pures machines, des instrumens
passifs entre les mains de la Nécessité?*
Quand vos Livres, quand vos longues
déclamations contre la Religion, pourroient opérer quelque chose sur nos
esprits; ces effets, selon vous, ne se-
roient-ils pas inévitables, ainsi que leurs
Causes? Quoi? pour être libre, suffit-
il de changer de joug? Je prévois votre derniere réponse. Vous ne m'arra-
chez pas à la puissance du Destin; mais
vous rendez mon sort plus doux? Qui
vous l'a dit? D'où sçavez-vous ce qui
m'est agréable ou pénible? Vous assu-
rez; que nul homme n'a droit de juger,
quelles sont les choses qui font la félicité d'un autre homme. Athée, si
vous ne vous entendez pas vous-mê-
me, je vous plains; mais je vous
plains bien davantage, si vous vous
entendez!

III.

Je dois à la Religion ce témoignage : que je n'ai rien trouvé dans le Syſtême de la Nature ; qui pût m'inſpirer la moindre défiance, ſur aucun des dogmes qu'elle nous enſeigne. Ce Livre même n'a ſervi, qu'à m'attacher de plus en plus aux vérités, démontrées ſi ſolidement, & ſi foiblement réfutées. Je n'ai point été ébloui de la morale de nos Incrédules : j'ai remarqué qu'en derniere analyſe, elle établit chaque Individu le centre de tous les êtres. Je penſe donc, que la doctrine de l'Evangile, eſt toujours la plus ſublime & la plus pure : & je crois que le Teſtament, qui porte le nom de M. Mirabaud, a dû être caſſé.

F I N.

TABLE

DES MATIERES.

A.

B.

P.

R.

FIN.

ERRATA.

Page 7 , ligne 3 , & i ; *lisez* & il

Pag. 21 , lig. 20 , Ccelui ; *lisez* Celui

Pag. 80 , dans les lignes 16 & 17 , *effacez* : que

Pag. 158 , lig. 5 , ont souvent des ; *lisez* : ont souvent eu.